美国国父列传：**托马斯·杰斐逊**
The Founding Fathers of America: Thomas Jefferson

[美] 亨利·蔡尔兹·默文（Henry Childs Merwin) 著　钟琦 译

图书在版编目（CIP）数据

托马斯·杰斐逊/（美）默文（Merwin, H. C.）著；钟琦译．—北京：北京大学出版社，2014.1

（未名传记图书馆·美国国父列传）

ISBN 978-7-301-23490-7

I. ①托… II. ①默… ②钟… III. ①杰斐逊，T.（1743—1826）-评传 IV. ① K837.127=41

中国版本图书馆 CIP 数据核字（2013）第 305695 号

HOUGHTON MIFFLIN AND COMPANY
The Riverside Press, Cambridge
Copyright 1901 by Henry Childs Merwin

书　　　名	托马斯·杰斐逊
著作责任者	[美] 亨利·蔡尔兹·默文（Henry Childs Merwin）著 钟　琦 译
出版统筹	高秀芹
责任编辑	苑海波　张善鹏
标准书号	ISBN 978-7-301-23490-7/K·0996
出版发行	北京大学出版社
地　　　址	北京市海淀区成府路 205 号　100871
网　　　址	http://www.pup.cn　新浪官方微博：@北京大学出版社
电子信箱	zpup@pup.cn
电　　　话	邮购部 62752015　发行部 62750672　编辑部 62750883 出版部 62754962
印　刷　者	三河市腾飞印务有限公司
经　销　者	新华书店
	880 毫米×1230 毫米　A5　3.625 印张　68 千字
	2014 年 1 月第 1 版　2014 年 1 月第 1 次印刷
定　　　价	16.00 元

未经许可，不得以任何方式复制或抄袭本书之部分或全部内容。
版权所有，侵权必究
举报电话：010-62752024　电子信箱：fd@pup.pku.edu.cn

目 录

001　第一章　青年时代与技能训练

011　第二章　杰斐逊时期的弗吉尼亚

019　第三章　蒙蒂塞洛与家庭生活

025　第四章　革命时期的杰斐逊

031　第五章　弗吉尼亚的革新

041　第六章　弗吉尼亚州州长

049　第七章　驻巴黎的使者

057　第八章　杰斐逊国务卿

067　第九章　两个党派

077　第十章　杰斐逊总统

087　第十一章　第二届总统任期

099　第十二章　公众人物的私人生活

第一章

青年时代与技能训练

1743 年 4 月 13 日，弗吉尼亚州阿尔伯马尔县，托马斯·杰斐逊在这个偏远地区的一户人家出生了。他的父亲彼得·杰斐逊是威尔士人后裔，虽无贵族血统，但身为自耕农，在当时正是美国社会的中流砥柱。老杰斐逊身强力壮、头脑敏捷。他力大无比，能将两桶满满的、装有 1000 磅重的烟草同时举起。与国父华盛顿一样，他也是一名勘测员。据传，当他们在广阔无垠、人烟稀少的土地上测量时，助理们因饥饿和疲劳而筋疲力尽，彼得·杰斐逊却不知疲倦，一直埋头苦干。他能在猛兽咆哮的树林中坦然入睡，食物缺乏时，则不得不靠宰杀随行的骡子充饥。

托马斯·杰斐逊继承了父亲对数学与文学的热爱。彼得·杰斐逊从未受过正规教育，但他非常勤奋，喜爱阅读，主要读《观察家》杂志，以及莎士比亚、蒲柏和斯威夫特的一些作品。通过阅读这些书，他培养了自己和其他弗吉尼亚人一样的文学修养。在当时的殖民地，各家除了置办英式家具，还收藏了这些英文书籍。彼得·杰斐逊读过的那些莎士比亚作品（这可是个好版本）至今仍保存在他子孙的手中。

或许正是因为其土地测量才能，杰斐逊先生得以结识伦道夫一家，而且很快成了威廉·伦道夫这位年轻的塔卡霍土地所有者的密友。

伦道夫家族是英格兰中部地区的名门望族，有着悠久的历史，据说是苏格兰默里伯爵的后人，与英国许多贵族有血缘或联姻关系。1735年，彼得·杰斐逊在古奇兰县获得了1000英亩土地，成了一名种植园主。他的土地紧靠偏远的丘陵地带，蓝岭山脉遥遥在望。他的密友威廉·伦道夫拥有相邻的2400英亩土地。由于杰斐逊的土地不适合盖房子，伦道夫先生便以"一大碗潘趣酒"的要价将自己的400英亩土地转让给杰斐逊，供其盖房，该契约保存至今。

彼得·杰斐逊在这里盖起了房子。三年后，他将威廉·伦道夫家族的一位19岁端庄女孩娶回了家。新娘名叫简·伦道夫，是时任弗吉尼亚副将艾沙姆·伦道夫的大女儿，出生在伦敦沙德威尔教区。彼得将自己的土地命名为沙德威尔。这次幸运的联姻将这位自耕农与弗吉尼亚最显赫的贵族紧紧联系在一起。

1744年，阿尔伯马尔作为新县从古奇兰县划分出来。该县任命了三名法官，彼得·杰斐逊是其中之一。他同时被任命为土地勘测员，后来又升为该县的陆军上校。这个军衔在弗吉尼亚十分显耀。彼得就任期间，这一军衔尤为重要，因为当时英法开战，而阿尔伯马尔正是双方抢夺的重点。

1757年8月，英法两军交战正酣，彼得·杰斐逊却暴病身亡。病因未见记载，或许是由于疲劳过度，或许是遭遇了风寒。彼得·杰斐逊，这位强壮、公正、和善，为白人和印第安人同时尊敬爱戴的领导离开了人世，再也不能保护其妻儿。弥留之际，彼得送给儿子托马斯两条训谕：(1) 他必须接受必要的正规教育；(2) 为确保强健体质，他必须加强体育锻炼。对于父亲的遗言，托马斯经常满怀感激地挂念嘴边。他说，如果他必须在教育与遗产做出选择的话，他将选择教育。彼得·杰斐逊留下了八个孩子，除托马斯以外，还有一个儿子，但不幸夭折。关于托马斯的母亲，世人了解得很少，但在母亲的熏陶下，托马斯热爱音乐，感性、优雅。

父亲的死让杰斐逊独立成长起来。后来，在一封信里，他曾提到"14 岁时我就必须完全靠自己照顾自己，自己拿主意，我找不到什么亲戚朋友来给我指点道路"。

他自己第一次做出的决定就是转学，师从詹姆斯·莫里。这位优秀的牧师与学者，是胡格诺派教徒的后代，刚在阿尔伯马尔县定居下来。杰斐逊跟着詹姆斯·莫里求学两年，学习希腊语与拉丁语。据一位校友后来写到，杰斐逊在学校非常突出，学业好、人勤奋但害羞。他还是一名优秀的跑步者、敏锐的猎人、勇敢而优雅的骑手。

1760 年春，杰斐逊 16 岁，被威廉-玛丽学院录取，他骑马出发前往弗吉尼亚首府威廉斯堡求学。在此之前，除了离沙德威尔 4 英里外的夏洛茨维尔，他从未去过别的城镇或村庄。威廉斯堡在英语中是"品位、时尚、优雅中心"的意思,当时它是个清静小镇,尚未铺砌石砖,大约有1000名居民。眺望过去,周围是一大片青色的烟草田地。它坐落在约克和詹姆斯河中间的平原上,夏日,微风吹过平原,一扫炎日热气,而小镇也无蚊虫之扰。

威廉斯堡建设得非常精美,它甚至有幸成为之后首都华盛顿的建设典范。一条主大道贯穿该城,大道有100英尺宽,0.75英里长,国会在大道的一头,学院在大道的另一头,中间是一个10英亩的广场,上面是公共建筑。殖民地时期的总督就住在这里的官邸。"除了商人与工匠,城里还住着十几个贵族家庭,"他们都是永久居民。仲冬时节,种植园主们坐着马车来到镇上,贵族骑在马上,这座首府小镇成为了华丽、狂欢的海洋。

1760年早春末的一天,托马斯·杰斐逊,这位偏远地区种植园主的孩子,当他骑马慢慢驶入小镇时,见到的正是这样一幕。环视着周围的一切,杰斐逊外表冷漠,内心却满是一位乡野之民的好奇与热情。他在该镇住了7年,在某种意义上来说,这是他人生最重要的时期,因为他正是在此阶段成长起来的。杰斐逊拥有伦道夫家族的良好基因,修长、纤瘦,但非常结实,有肌肉、身手敏捷。脸上长有雀斑,脸部棱角分明。关于他头发和眼睛的颜色,说法不一:有人说他头发是红色,有人说是微红,有人说是淡黄棕色;眼睛则被说成是蓝色、灰色或淡褐色。他满脸坦诚、活泼愉快,非常迷人。他少年时不算英俊,但"中年后风度翩翩。老年时非常俊美"。他有 6.25 英尺高，他的管家培根先生曾提到："杰斐逊先生身材匀称、挺拔，犹如一杆枪筒，他像是一匹骏马，绝无赘肉，有钢铁般的体格，非常强壮。"

杰斐逊一直开朗、乐观、向上。在提到事情必须"取决于事件的篇章（重要阶段）时"，他说道："我习惯于满怀希望揭开下一篇章，尽管我常常受挫，但我永远充满希望。"毫无疑问，这种乐观特质部分归功于他健康的体魄。用他自己的话说："无论我想吃什么，消化器官总是毫无抱怨地悉数接受、调配，这真是上天的赐福。"他一生都有好的习惯：从不抽烟，适度饮酒，早睡，坚持走路或骑马锻炼身体。

帕顿先生说，杰斐逊上学期间，威廉-玛丽学院是"一所混杂的学校，有神学院、语法学校，管理混乱，管理者意见不一致"。但杰斐逊求知若渴，学习能力又强，出淤泥而不染。此外，一位教授对他心智的成长发挥了重要作用。在其自传中，杰斐逊曾写道："我有幸遇见了威廉·斯莫尔博士，或许正是他改变了我的命运。这位来自苏格兰的数学教授才华横溢，不仅在科学的大部分领域有很深的造诣，还有良好的沟通天赋和豁达开明的心。他很快就喜欢上了我，我们形影不离，只要学校没事，他就让我陪伴在其身旁。通过他的谈话，我第一次接触到浩瀚的科学，了解了我们置身其中的万物之体系。"

像其他弗吉尼亚人一样，杰斐逊从小就接受了美国新教。但成年后，或许部分由于斯莫尔博士的影响，尽管他也去教堂，尽管他的女儿也从小接受新教，但他不再相信基督教，用神学的术语来说，他是个自然神论信仰者。关于他的信仰，杰斐逊几乎只字不提。他只对一两个朋友吐露。在一封他死后出版的信中写道，当他被一名家人问及信仰一事，他还是拒绝发表任何评论，只是谈到每个人都需要自己去探寻信仰，根据自己的良心做出决定，而不能受他人影响。

斯莫尔先生将杰斐逊引见给其他几位重要的熟人。尽管杰斐逊年纪尚轻，但他很快就和这座小小的大都市三名显贵结为好友，形成了一个亲密的"四人集团"。除了斯莫尔博士，其他二位显贵分别是弗朗西斯·福基尔（王室任命的代理总督）和乔治·威思。福基尔温文尔雅、令人尊敬，有极高的修养，他是伏尔泰的信徒，可惜沉湎于赌博，并在这方面影响着弗吉尼亚州的贵族们。幸好杰斐逊这方面没有受他影响，尽管杰斐逊热爱骑马，并经常赛马，却从未赌马或玩牌。威思先生当时事业刚刚起步，他的职业令人尊敬：律师、政治家、教授、法官。他是杰斐逊一生坚定的密友。在他死后，杰斐逊说道"他是我的再生父亲"。有意思的是，托马斯·杰斐逊、约翰·马歇尔、亨利·克莱相继成为乔治·威思办公室的法律学生。

许多在冬日涌入威廉斯堡的政府官员和种植园主都与杰斐逊母亲的家族有关系，他们慷慨地向杰斐逊敞开大门。据记载，杰斐逊参加了所有在老克雷客栈"阿波罗"舞厅举办的舞会，以及在福基尔总督家举办的音乐聚会，他是一名出色的小提琴手，技术娴熟、富有激情。晚年他曾回忆到，"我想，我一生中至少有12年，每天拉小提琴不少于3小时"。

在此期间，他有点像花花公子，对服装和马车装备非常挑剔，乐此不疲，事实上他一生都热爱骏马。弗吉尼亚比其他殖民地进口了更多的纯种骏马，至今那儿的马匹仍然比其他州的马匹血统更为纯正。英国首届德贝大赛马会上的冠军狄俄墨得斯于1799年被运往弗吉尼亚，在此扎根。至今，人们还认为是它赋予了其家族马匹的速度与耐力。杰斐逊就拥有一些狄俄墨得斯血统的小雄驹，而他的马车一直用优良血统的马驹。

他在给外孙的一封信中谈到他生活时期的威廉斯堡："当我回忆起我曾交往过的纨绔子弟时，我很惊异，我并没有变成他们，像他们一样成为对社会无用的人……非常幸运的是，我早年和一些高尚的人们相识，并且一直希望自己能成为他们。当我受到诱惑、处于困境时，我会问自己，斯莫尔博士、威思先生、佩顿·伦道夫他们在这种情形下会如何处理？我要如何做才能得到他们的肯定？我确信，相比起我的推理能力，这种决定我行为的方式发挥了更大的作用，它带领我走了一条正确的路。"

这些经历帮助杰斐逊建立了他的品格。在他看来，年轻人不是因为有一些更强大的动力来保持激情，而是凭借学习好榜样的愿望或他的"推理能力"来保持激情。对于杰斐逊井然有序的精神来说，希望被肯定的强烈愿望就是足够的动力。他对被肯定非常敏感，或许有点病态。对他而言，尊敬、好心、对同胞的热爱，这些是如此珍贵以至于他希望保留这些品德的愿望发挥了重大作用，有时甚至对他产生了过度的影响。他曾说道："比起受表扬的愉悦，哪怕是一丁点儿毫无理由的责难也会让我更难受。"

大学第二年，杰斐逊改掉了他的轻浮。他将马匹全送回了家，自己每天在外跑步 1 英里锻炼，黄昏时分回去学习。如果传记中记载的内容可靠的话，他每天学习不少于 15 小时。高度的专注使他提前一半的时间完成了学校的课程。在威廉斯堡度过第二个冬天后，他装着文凭返乡，箱子里放着一卷英国法学家柯克对利特尔顿著作的注释。

第二章

杰斐逊时期的弗吉尼亚

在杰斐逊生活的年代,对他这个阶层的弗吉尼亚年轻人来说,只有两个职业有前途:律师和政治家。而两者迟早将融合一体。弗吉尼亚州的情况和东北部新英格兰地区颇为不同,牧师和医护人员并不受人尊敬。这儿没有制造业,也没有综合贸易。

大自然将弗吉尼亚州分为两部分:西部的山区和山与海之间的广阔平原。远离大海,潮涨潮落,无数的河流贯穿平原。在这些地区坐落着的烟草种植园,是该地区重要的财富来源,殖民地贵族居住在这里。几乎每位种植园主都靠河居住并有自己的码头,纵帆船通过码头将烟草运到伦敦,运回酒、丝绸、天鹅绒、枪支、马鞍和鞋子。

拥有土地的小领主人数相对较少,整个殖民地区的政治与社会群体还是由贵族组成。根据法律,财产和奴隶都由长子继承,以此保证大部分财产的完整性。当时没有镇区,也没有镇会议,政治单位是教区。因为当时美国新教圣公会是国教、国家机构,教区有很大的范围,因此,按照规定一个县只有一两个教区。

尽管神职人员属于国教工作人员,薪水却少得可怜,也得不到人们的尊敬。他们的地位比富有的种植园主更为卑微,正如英格兰的神职人员地位比贵族卑微。尽管由王室任命，他们并不需要被考核是否胜任，由于没有驻区主教，缺乏监管，这些神职人员腐化堕落。他们的薪水用烟草支付，收入不稳定，波动很大。一些神职人员学识渊博、品德高尚，他们忠诚地履行自己的职责，同时靠教学生来弥补薪水的不足。帕顿先生说道："正是这些少数的神职人员拯救了殖民地的文明。"其他一些神职人员靠种植烟草获得财富。大部分则靠依附富有的种植园主为生，萨克雷在其小说《弗吉尼亚人》中曾栩栩如生地描述了萨姆森牧师的生活。小说讲述了弗吉尼亚州教区牧师的奇特故事。其中一人每年靠四场关于反对无神论、赌博、赛马和诅咒的布道而将几百美元饱入私囊，然而可笑的是，除了没有第一项罪行，在其他三方面，他臭名昭著。

当时正值18世纪中期，读者们想必记得，这正是英国教会最黑暗的时期。当时整个国家的牧师都沉迷于打猎狂欢，学院的学生们从晚餐4点开始一直喝酒喝到半夜；学识渊博的最高主教将时间用于自己的私人研究而不是履行其职责；当时无人去大教堂，里面布满灰尘，教区的教堂终日关闭。因此在英格兰地区，诞生了美以美教派教会，后来又爆发了牛津运动；"大量的卫理公会派教徒、摩拉维亚教徒以及新光长老教会信徒从宾夕法尼亚州涌入弗吉尼亚州。"

税赋被重重地压在穷人身上，投票权却只为土地所有者独享。当时没有公立学校，大部分民众无知、粗俗，但他们有健康的体魄和良好的道德品行，这正是贵族社会所需要的社会基础。财富集中在少数人手中，在弗吉尼亚州，贫富两极分化；而临近的宾夕法尼亚州，财富分配相对更平均，社会更为民主，节俭、繁荣更为常见。

一位外国游客谈道："在宾夕法尼亚州，我们经常看到四匹以上的骏马拉着的马车，在这个有奴隶的州，我们有时看到衣衫褴褛的黑人男孩或女孩驾着一头消瘦的牛或骡子拉着车，我曾见过一头骡子、一头公牛、一头奶牛，每一头都看着可怜，一两个半裸的黑人奴隶赶着它们，拉着一堆车。"在里士满和弗雷德里克斯堡之间，"下午时分，当我们行走在树林旁的道路时，我惊讶地看到一个家庭聚会，他们驾着通常在伦敦附近才能见到的精美马车，他们的男仆也衣着华丽"。

革命前的弗吉尼亚很好地诠释了巴克尔关于闲暇的评语："没有闲暇，就没有科学。"当闲暇占了上风时，大部分人都去追逐享乐而浪费了时间，少部分人将利用闲暇来获取知识。杰斐逊、乔治·威思和麦迪逊这些人他们充分利用闲暇时间为同胞们服务，来升华自己的心灵；而大部分种植园主们——一些贫困的白人也效仿他们——却将大把的闲暇时间用于娱乐、饮酒和游手好闲。一位知名的法国游客写道："尽管弗吉尼亚人喜欢狂欢，然而此地最高贵的人们喜爱阅读胜于美国其他地方的人们；但这里的平民却比其他任何地方的无知。"亨利·亚当斯先生曾说过："弗吉尼亚的优点在于其乡村野夫——他们直接朴实、勇敢真实,没有商人的刻薄狡猾,他们质朴、热情、慷慨大方。"弗吉尼亚州的上流社会也谦恭有礼,富有教养。这种谦恭与生俱来,以至于哪怕在激烈的政治分歧和争论中,人们还是保持彬彬有礼。这也正是一个基于土地,而非贸易或商业社会的产物。1791年,来自弗吉尼亚州的查宁博士写道:"当我把自私审慎的北方佬和慷慨自信的弗吉尼亚人相比时,我为自己的人民感到脸红。这儿有很多的恶习,但却有更多我所没有的优良品德。"弗吉尼亚的贵族们有着宽厚的性情和感情,这与生活在文明边界的新国土的人们密不可分。他们为自己的出身自豪,但也考虑别的主张,他们尽量不用财富来评判一个人。

奴隶制或许对塑造像杰斐逊这样的人发挥了好的作用,它让人们有机会每日训练培养自己的仁慈与自控。杰斐逊的一名管家曾讲述杰斐逊是如何善待一名叫吉姆的奴隶,他从螺钉厂偷窃了螺钉,我们可从中了解杰斐逊如何宽待黑人:"杰斐逊先生到了后,我派人去带来吉姆。我一生中从未见过任何其他人,白人或黑人,像吉姆一样在主人面前如此羞愧。眼泪顺着他的脸颊流下,他一而再再而三地祈求主人宽恕。我自己在旁边都觉得难受。杰斐逊先生转向我说:'先生,我们不能再惩罚他了,他已经受了太多苦。'杰斐逊先生给了吉姆很多忠言,然后派人将他送到店里……吉姆过后说:'我好久都不信神不信主。以前从来没有听到过什么让我相信的,可是当主人说"走吧,以后别再这么做了",我心里有莫名的感动，我已经决定要去信主啦。'确实，他过后来我这恳求让他去受洗，他之后一直是个好仆人。"

培育杰斐逊这位弗吉尼亚早期政治家高尚品德和高效率的另一重要功臣是良好的传统老派教育。他们都拥有共同的品质，用马修·阿诺德的话来说："拥有最好的。"这些国家创始人拥有的巨大优势是其获得的良好教育。他们志在建立一个不同于希腊和罗马共和国的共和制国家，但这个国家基于同样的原则，拥有相同的美德。美国革命充分展现了尊严和体面，因此在世界历史中大放光彩。相比其他人，杰斐逊为此做出了更大的贡献。

这就是18世纪的弗吉尼亚：奴隶处于社会的最底层，较之上一层的底层人民粗俗、无知，虽有些粗暴，但仍然身心健康，并拥有勇气和诚实的朴素美德；上层社会是拥有土地的贵族，奢侈、骄傲、游手好闲，但他们谦恭有礼，有一些良好的品德，这是其他地方所没有的。如果生在欧洲，毫无疑问，杰斐逊将投身于音乐、建筑、文学或科学。因为他在这些方面都有同样高的天赋；由于当时美国的情势，他没有选择这些领域，他成为了一名律师，并在革命的压力下，成为了一名政治家。

毕业后的4年，杰斐逊大部分冬日时光都在威廉斯堡度过，进行法律和其他领域的研究，其他的时间用于管理他继承的种植园。在此阶段，跟往常一样，他最为勤奋。正如帕顿先生所评论道："他一生都勤于学习，手中总是拿着笔。"他手边放着关于园艺、种植、天气的书籍，还有收据簿和现金簿，当他从事法律时，随身携带地产方面的书籍。这些书很多仍然保存完好，上面留有当年杰斐逊用艺术家般优雅修长的双手在上面书写的笔记。杰斐逊的一个老朋友曾说过杰斐逊厌恶肤浅的知识，他总是刨根问底，探寻共同法的根源；深刻阅读用法语和拉丁语书写的旧法律报告，特别是学习大宪章和布拉克顿。

他有时也将时间用于骑马、音乐和舞蹈。二十多岁时，他迷恋上了丽贝卡·伯韦尔小姐。这位威廉斯堡的佳丽，以其美貌而非智慧闻名。杰斐逊当时尚未做好结婚准备，他甚至想要出国旅行。于是这位名媛匆忙与另一位情人结婚。所幸失恋给杰斐逊带来的创伤不深。事实上，杰斐逊更追求家庭亲情，他有虽然足够强烈而持久的爱慕，却不是一个激情浪漫的男人。他是 18 世纪典型的理智的哲学家。没有人比他对奴隶更善良、公正，但他没有像乔治·威思一样也许有点冲动地释放了他的奴隶们；尽管他认为奴隶制愚蠢、邪恶，并竭尽全力通过法律措施促进废除奴隶制，但他却非常谨慎，没有四处宣扬他的想法。杰斐逊没有烈士或堂吉诃德般的品质，但那是自然的过错，而不是他的。可以说，每一个人，都有无法跨越的深度，有不能超越的高度。但其间有锻炼自由意志的广阔空间，杰斐逊比其他人更努力地拼搏，履行他认为其该肩负的所有义务。

第三章

蒙蒂塞洛与家庭生活

1764年4月,杰斐逊到了法定年龄,他第一次的公众行为就极具个人特色。为了附近地区的利益,他通过一项法规授权将与自己地产部分接壤的里瓦那河清淤。当时他通过私人捐献筹得一笔足以开展这一项目的资金。很快,这条之前连独木舟也难以漂浮的溪流发挥了重大作用,它将农产品运输到詹姆斯河,并通向大海。

　　1766年,为接种天花,他坐着一辆两轮轻便马车前往费城,在涉水而过夏洛茨维尔和费城之间众多的河流时,他差点儿溺水死亡。第二年,24岁生日前夕,他被录取进了律师团,他一从业就接了个庞大而利润丰厚的案子。他在法律界只待了七年,而在此期间,他的职业收入平均每年超过2500英镑;他也将从父亲那儿继承来的地产从1900英亩增加到5000英亩。他辩论时语言流畅且铿锵有力,但他嗓子不好,不适合公开演讲,很快就嘶哑了。此外,杰斐逊对竞争舞台非常反感。对于人与人之间的争夺,他有点儿畏惧,因此退缩,他痛恨被迫参与讨论。公共机构的动荡和混乱令其害怕;在弗吉尼亚下议院,他以其文章而非演说闻名,之后享誉整个美洲大陆国会。

1768 年 10 月，杰斐逊当选为弗吉尼亚立法院之下院议员，代表阿尔伯马尔县，由此开始了他长达 40 年的政治生涯。从政之初他就下定了决心。下面这封信写于 1792 年，当时一位朋友主动提出给他一个盈利企业的股份时，杰斐逊在给他的信件中表明了自己的决心：

> 二十四年前，当我刚步入政坛，我就下定决心，作为公职人员，我永远不会去图谋增加自己的财富，我将永远保留一份农民的赤子之心。我也从未偏离这点。我曾目睹很多人在形形色色的事件中，痛苦挣扎，最后选择保全自己的利益，我很高兴自己不去考虑那些利益，而是以公仆的标准要求、规范自己。

接下来的几年政坛平静，但这不过是革命风暴前的阴沉平静。这也是杰斐逊先生一生中重要的时期。1770 年 2 月，当全家外出时，他与母亲及姐妹们共同居住的沙德威尔房子被大火夷为平地。黑奴气喘吁吁地跑来报告火灾，杰斐逊赶紧问："我的书救出来了吗？""主人，没有，不过我们把小提琴救出来了。"他回答道。

在向好友佩奇描述火灾时，杰斐逊写道："我估计了一下，烧毁的书有 200 磅。要是烧的是钱就好了，我就不会这么心疼！"除了书，在这次火灾中杰斐逊还丢了他的笔记和论文。这些倒霉事并不是自己的错误引发的，因此杰斐逊并没有庸人自扰。

火灾过后，杰斐逊一家借宿在工头家，他修建了蒙蒂塞洛宅邸，之前他已在父亲留下的土地上开始建房并给它命名。杰斐逊一直住在蒙蒂塞洛，直到逝世。

蒙蒂塞洛是一个偏远的小丘陵，地处弗吉尼亚州的山区郊外，在潮水地区西边，比山脚的平原高出580英尺。它的山顶有6英亩的空地。在这离山脊100英尺之处，杰斐逊建造了自己的家园。这是一个长而低矮的房子，至今依然屹立，前面有希腊柱廊，上面是穹顶。房子旁的小道蜿蜒盘绕，因此爬坡非常困难。房子前面有三层露台，最外面是小凉亭，杰斐逊和他的朋友们常常在夏日的夜晚坐在北部的露台或在凉亭里眺望着约80英里外的蓝岭，或是近处莱格山的山峰。由于房子所处的高度，这里既没有露水，也无蚊子之扰。

1772年1月，杰斐逊将他的新娘娶回到这山区里美丽但尚在建造中的庄园。新娘名叫玛莎·斯凯尔顿，19岁那年成了寡妇，现今22岁，她的父亲约翰·韦尔斯是位富裕的经验丰富的律师。玛莎·斯凯尔顿身材高挑、年轻貌美、仪态优雅。她有一双淡褐色的明眸，受过良好教育，热爱文学，她能娴熟地演奏拨弦古钢琴，家务事也无所不能。她整齐记录的账簿保存至今。这对新婚夫妻在她父亲查尔斯城的一栋"森林"的房子里举行了婚礼，之后出发回到了蒙蒂塞洛。

两年后，1774 年，达布尼·卡尔，杰斐逊最亲密的朋友、他的妹夫、一位年青律师，才华横溢、热爱祖国，却不幸早逝。杰斐逊将达布尼·卡尔留下的寡妻和六个遗孤接到蒙蒂塞洛，承担起养育孩子的责任，将其视为己出。杰斐逊爱孩子们，他有教学的本能，这点和另一性格迥异的艾伦·伯尔相同。他自己年轻时，就常常被请教指引其他年轻人的学习，从这个意义上说，麦迪逊和门罗都是他的学生。他积极策划筹备并最终创建了弗吉尼亚大学。

不幸的是，杰斐逊夫妇生了六个孩子，却只有两个孩子——玛莎和玛利亚长大成人。玛利亚成了家却不幸早逝，留下一个孩子。长女玛莎才华横溢、乐观向上、身心健康。她嫁给了托马斯·伦道夫，他后来当了弗吉尼亚州的州长。杰斐逊的管家培根先生谈到玛莎时说："她在这方面像极了父亲，她总是很忙，不是在阅读就在写作，或是干别的。她经常坐在杰斐逊先生的房间，和父亲一样忙着做事，不是缝纫就是阅读或谈话。"来自罗厄诺克的约翰·伦道夫曾经在和她父亲吵架之后还向她祝酒，说她是弗吉尼亚州最可爱的女人。她生了十个孩子，她的后代们健在。

据说，玛利亚和姐姐一样性情温和，她更为美貌，却没有这么智慧。杰斐逊将玛莎和玛利亚视为掌上明珠。像其他许多世界功成名就的伟人一样，与亲情相比，杰斐逊将名利视作尘埃。

第四章

革命时期的杰斐逊

杰斐逊先生婚后不久，就爆发了大革命前夕的运动，虽然他也积极参与，但并非心甘情愿。1775年11月，邦克山战役之后，他写信给一位男性亲属，其中提到哪怕是在大英帝国，也没有一个人会比他更真切地热爱与英国的联盟。约翰·杰伊革命后说："在我的一生中，在国会于1775年第二次请愿前，我从来没有听到任何美国人表达希望殖民地独立的愿望。"

但这些友好的情感却被一系列不明智的、期约长达12年的镇压法案熄灭，并转化为怒火。其中最值得注意的是"印花税法"，北美人民纳税却没有选举权；对茶叶的征税，以及要求纳税收入用于支付英国公职人员薪水的条款，这一切使得当地议会根本无权支配税收。英国政府派来的官员还被授权自行决定其工资和养老金数额；全国税务局董事会设在波士顿，配有专制权力的武装。这一系列的举动剥夺了人民的自由，而英国国王轻蔑地拒绝了殖民地人民的请愿则更激化了矛盾。我们知道，接下来愤怒的人们在普罗维登斯烧毁了英国的"葛斯比号"战争巡逻船，波士顿茶叶党名扬天下。

与此同时，弗吉尼亚州走在战斗的前线。1772年3月，几个年轻人,弗吉尼亚下议院成员,在威廉斯堡的雷利酒店会见。他们是托马斯·杰斐逊、帕特里克·亨利、理查德·亨利·李和他的兄弟,以及其他几个人。他们起草了好几项决议,其中最重要的一项是要求任命常委,并在各殖民地之间建立通讯委员会,团结一致抗击英国。两年之前,马萨诸塞州曾采纳过一个相似决议,但没有任何实效。这次截然不同,第二天,弗吉尼亚下议院就通过了该决议,引发了革命。

1774年9月,第一届大陆会议在费城举行;正如人们期待的,杰斐逊为弗吉尼亚州即将选出的代表们准备了一份提案。由于在参会的路上生病,他抄写了一份提案,派人送到会场。该提案被认为言辞过激而未被通过,但一些成员将其题为《美国权利概论》并印刷发表。这本小册子在这个国家广为传阅,其中一本送到伦敦,传到埃德蒙·伯克手中,他读后在英国重印。小册子之后几次再版,杰斐逊的名字在整个殖民地及英国家喻户晓。

《美国权利概论》事实上是一部政治理论著作。它的作者没有浪费时间去讨论殖民地和英国之间出现的具体法律和宪法问题,而是深究问题的根源,像卢梭似的,他进行了一两个大胆和原创的归纳,他快刀斩乱麻,割断了美国与大不列颠议会的联系。他承认美国在一定程度上依赖英国,但他阐述两个重要原则:(1)这个国家的土地属于在此定居和改善它的人们,英国无权出售或转让;(2)自治的权利是上天赋予每个民族的自然权利,因此,议会无权制定美国的法律。杰斐逊的观点总是比他所处的时代超前 100 年，《美国权利概论》准确地预见到现在的英国与其殖民地的关系。

杰斐逊被选为大陆会议第二届会议的成员，他乘着一辆轻便马车快速前往费城，背后还有两匹备用马，在华盛顿出发前往马萨诸塞州剑桥的前一夜到达费城。议会成员主要是些年轻人。富兰克林年纪最长，71 岁，其他少数几个 60 多岁。华盛顿，43 岁；约翰·亚当斯，40 岁；帕特里克·亨利，比他小一两岁；约翰·拉特利奇，36 岁，他的弟弟，26 岁；约翰·兰登和威廉·帕卡，35 岁；约翰·杰伊，30 岁；托马斯·斯通和杰斐逊，32 岁。

杰斐逊很快就成了约翰·亚当斯的密友。约翰·亚当斯过后提起他时说："虽然他在议会上不发言，但他在委员会和谈话中是如此思维敏捷、坦诚、清晰、决断——连塞缪尔·亚当斯也比不上——他很快就俘获了我的心。"

正如我们所看到的，杰斐逊没有一个雄辩家的光环，他不善于辩论。但作为一个作家，他拥有大自然所恩赐的独有的写作风格。这种风格需要加以补充，但却不能通过实践和研究获得。从他早期的一些信件中，我们能看到一些约翰逊博士和更多斯特恩的痕迹，斯特恩是他最喜欢的作家之一。然而很快他就将这些早期模仿的东西吸收为己有。不到 30 岁，杰斐逊就成为了一名大家，写作风格清晰、流畅、精炼、别致，自成一家。因此，当人们需要拟一份像《独立宣言》这样的宣告时，他是不二人选；该宣言极具作者个人风格。正是想象力让杰斐逊如此卓越。哪怕是匆忙完成的信件,也充满了奇特的想象。无论他在发明犁具还是在预测一个伟大的民主国家的命运,想象力都发挥了重大作用。

想象力在散文中所显示的最有效的形式之一,是用一种不寻常的方式,在不同的语境中通过一个常见的词,来传达一种不寻常的意义。在杰斐逊的许多著作中我们都能找到这一修辞艺术的例子,最知名的莫过于《独立宣言》宏伟的序文:"在有关人类事务的发展过程中,当一个民族必须解除其和另一个民族之间的政治联系,并在世界各国之间依照自然法则和上帝的旨意,接受独立和平等的地位时,出于对人类舆论的尊重,必须把他们不得不独立的原因予以宣布。"

帕顿先生对该段评述道:"整个宣言中宏伟的言辞——'出于对人类舆论的尊重'——正是我们要宣告的理由,它触动了我们的内心。人性中最高的感情是人对人的崇拜。在一切纷争中,尊重人们舆论作为最后的仲裁,是宣言中单独的一句。这是杰斐逊本人,或许所有国会议员一起创造的语句,它的价值最为重要。"

富兰克林、约翰·亚当斯与杰斐逊一起组成了小组委员会,他们对宣言初稿的几处措辞做了一些改动,然后由国会讨论和审查了 3 天。议会删除了 18 处,增加了 6 处,修辞上改了 10 处;必须承认,大部分的改动使宣言增色不少。例如,原文中有一段,杰斐逊严厉谴责国王允许继续买卖奴隶。因为一个世纪以来,美国新英格兰地区凭借奴隶贸易发展起来,而南部殖民地依靠奴隶贸易获得劳动力。国会明智地剔除了该段。

《独立宣言》的诞生是一件激动人心的大事。军队列队前进,举国上下人们齐聚一堂,听取宣言,伴着钟声,礼炮连鸣。在费城,宣读过后,人们在独立广场将已故国王的盾徽付之一炬;在纽约,人们在一片呐喊声中将乔治三世的保龄球绿色铅像推倒,并将其铸成子弹。在弗吉尼亚州,人们已将国王的名字从祈祷书中撕毁;在罗得岛州,人们不许为国王祈祷,如有违例,将被处以10万英镑的罚款。《独立宣言》,这部政治与文学巨著经受住了时间的考验。它具有德摩斯梯尼,这位古代希腊雄辩家的经典演说品质,即使宣言中的部分内容——人生来平等的宣告——被批判,但这在某种意义上说确是真理,这需要一两个世纪来证明。

第五章

弗吉尼亚的革新

1776 年 9 月，杰斐逊辞去了他在国会的席位回到蒙蒂塞洛为家乡工作。几个星期后，来自国会的使者通知他，他和富兰克林博士以及西拉·迪恩一起当选为驻巴黎的使者，代表新成立的国家。长久以来，他一直对国外旅行心驰神往，但他觉得有义务拒绝这一任命，首先是由于妻子健康欠佳，其次，因为弗吉尼亚州需要他担任议员。自莱克格斯为斯巴达人创立法典以来，在美国还从来未有过这样的好机会。约翰·亚当斯宣称："即使是古代最好的立法者也会高兴能有机会生活在现在这个时代，因为在世界历史上，第一次，三百万计的人们慎重地选择了自己的政府和机构。"

　　在所有的殖民地中，弗吉尼亚州站在改革的最前沿，因为，正如我们前文提到的，她有迄今为止最好的政治和社会制度；改革异乎寻常的迅速受到杰斐逊和他的朋友们的影响。在和平年代，是不可能完成这样的大任，但在殖民地居民摆脱英国枷锁的运动中，人民虚心接受新事物；他们习惯了变化，在大剧变中，人民的权利得到承认。一年后，杰斐逊在给富兰克林的信中写道："特别是，对于弗吉尼亚州，人们似乎已将君主制搁置一旁，就像换下旧服穿上新衣似的，他们非常愉快地接受了共和政府。"

杰斐逊的伟大之处在于，他是第一位信任广大人民群众的政治家。他独自一人已经预言了这一事实，民众在道义上和精神上完全可以自治。我们现在很难理解和欣赏杰斐逊在这方面有独创性，因为那些当年他主张的、被认为是大胆的和未经考验的理论，现在早已司空见惯、深入人心。他可能受18世纪法国哲学家的影响而产生了他的政治理念，尽管这已无从考证，但他肯定是第一个笃信民主政府的政治家，正如那些后人中，惠特曼是第一个深信平等社会制度的诗人。汉密尔顿、约翰·亚当斯、平克尼、古维诺尔·莫里斯，甚至连华盛顿自己都认为，除非通过强有力的执行，并且权力由一个贵族参议院掌握，否则民治政府是不安全、不稳定的。

在他的一生中，杰斐逊经常被指责其政治观点和行为不一致。尽管看上去不一致，但他的政治观点和行为并不真正相悖。有时，他严格遵守宪法，有时他几乎抛开宪法；但他所有的行为都遵守以下这条基本原则，即政府或宪法的唯一正确作用就是要表达人民的意志，人民在道义上和精神上完全有能力执政。"我相信，"他在1796年写道："美国的广大公民本意是好的，只要他们能够正确理解事务，我坚信他们将永远保持这样正确的举止。"而杰斐逊终生奋斗，通过教育，努力使人们形成这种"正确理解"。他在公共教育方面的视野远远超出了那些在他那个时代盛行的观点，甚至超出了现在仍盛行的观点。例如，他设计为文法学校毕业的最聪颖的学生们提供免费的大学课程——在西部各州几乎全部实现；在教育问题上，这些州正是从 1787 年的法令获得了源泉，而该法令正是杰斐逊远见卓识的产物。

1779 年战争爆发前，弗吉尼亚一直是片幸福的热土。与此同时，杰斐逊和他的朋友们抓紧时间重建国家宪法。当时的弗吉尼亚没有公立学校，民众比任何其他殖民地的同时代人更无知和粗暴。选举时贿赂、恐吓、暴乱是司空见惯的场面，甚至超过了荷加斯描述的英格兰场景。1778 年，马萨诸塞州的艾尔卡纳·华森描述了他所看到的帕特里克·亨利的家乡汉诺威法院的情形："整个郡召集在一起。我下车的那一刻，一个可怜的哈巴狗鼻家伙要挟我交换手表。我刚摆脱他，就被一个野蛮的爱尔兰人要求把马换给他……我和这家伙差点儿就打起来了，这个爱尔兰人骂我，说我没有把他当绅士对待。好不容易摆脱了困境，我又看到两个笨重的大胖子在打架，他们扭做一团，互相厮打，直到一人揪住另一人的头发。"

贵格会教徒被处以枷刑，被指责的妇女被迫回避；据说，一个女人被指控施展巫术，在安妮公主县处以火刑而死。正如我们所知，英国教会是国立教会；而纳税人、不顺从国教的新教徒以及基督徒均必须支持英国教会。浸信会传道人被逮捕，并以扰乱治安一罪处以罚款。继承法是如此严格，无论是关于土地还是奴隶，哪怕被继承人与继承人达成协议，也不能改变由长子继承财产的规定。

在改革法律条文时，杰斐逊受到广泛的支持，其中包括帕特里克·亨利（州长，居住在仍被称为宫殿的地方）；乔治·梅森，爱国律师，他起草了著名的《弗吉尼亚权利法案》；乔治·威思，他的老校长；詹姆斯·麦迪逊，杰斐逊的朋友、学生和接班人，他在该年作为下议院议员开始了他的政治生涯。

反对他们的保守党领袖是尼古拉斯（弗吉尼亚州律师协会负责人、忠实的教徒和老派绅士）和爱德华·彭德尔顿，杰斐逊曾描述他为"足智多谋，从来没有被打败；因为如果他在主战场中失败，他将调整好自己，收复失地从而打成一个平局。他巧妙布局，在细节的小冲突中，收复小小优势，尽管这优势微弱，但积少成多，汇聚在一起，形成巨大的力量。你永远不知道，你什么时候能摆脱他。"

尽管争论激烈，但有一点非常重要，所有的发言人保持着弗吉尼亚人所拥有的谦恭礼貌，约翰·伦道夫也许是唯一的例外。即使是帕特里克·亨利——虽然他出身卑微、能言善辩，人们本以为他会粗鲁——也从来没有冒犯任何他的对手。杰斐逊曾对麦迪逊说，"礼貌、客套、柔和的表达让对手也感觉抚慰"——这就是当时弗吉尼亚州人们辩论时的情景。

杰斐逊首先抨击继承制度。经过3周的斗争，土地和奴隶与所有其他财产有同等的地位——可以根据所有者的意愿，被出售或遗赠。之后是更长、更艰辛的斗争。杰斐逊赞成消除弗吉尼亚州与教会的联系,实现完全的宗教自由。经过9年的斗争,弗吉尼亚才最终实现这一点。但在本届会议上,他废除了针对敢于反对正统教义者的处罚条令,同时废除了不顺从国教的新教徒支付什一税的法令。因此,本次战斗大举获胜;1786年杰斐逊提出的"建立宗教法"成为弗吉尼亚州的法律。[1]

1776年,在这个值得纪念的会议期间,杰斐逊提出另一影响深远的法律条文:在弗吉尼亚州的外国人在该州居住两年后,如有意成为美国公民,他们将获准入籍。该条例规定,入籍父母的未成年子女到达法定年龄后也应该是美国公民。这项措施的原则随后被收录在美国法律中,并沿用至今。

在本届会议上,杰斐逊还起草了一个法案,要求在弗吉尼亚州建立一个法院,当《独立宣言》获得通过时,皇家法院必须被废除。此外,以他为首的委员会被任命,着手修订了弗吉尼亚州所有的法令。最终,他将首府从威廉斯堡迁移至里士满。

在杰斐逊的努力下,所有这一切都成功实现了,然而他最重视的两个法令却以彻底失败告终。它们分别是:第一条法案,关于整个州的全面教育方案:从小学到文法学校再到建立一所州立大学;

---

[1] 据记载,直到1833年,在马萨诸塞州,某些城市的居民除外,公众必须顶礼膜拜。伯克县的蔡尔德博士曾试图领导人们从枷锁中解放出来,但1820年的制宪会议,宣告他们彻底失败。

第二条法案,所有奴隶都应该被释放,获得自由。

这是杰斐逊在推动废除奴隶制方面第二次徒劳无益的尝试。1768年,当他第一次成为下议院议员时,他曾努力促使通过一项法令,允许奴隶主释放他们的奴隶。他说服布兰德上校,当时最有才干、最年长、最受人尊敬的议员提出该项法律,他大力支持该提案,但它被压倒多数地遭到否决。杰斐逊之后谈到"我作为一个年轻的成员,在这次激辩中幸免,而他却被指责为国家的敌人,受到最粗鲁的对待。"

1778年杰斐逊再一次尝试:他提出了一个禁止在弗吉尼亚州进一步进口奴隶的法案,这次是全票通过。1784年,当弗吉尼亚将它广袤的西北部领土交给合众国重新划分时,杰斐逊起草了一项国家政府计划,其中包括一项"经过1800年的基督教时代,在这个国家,既不应该存在奴隶制,也不能强迫他人劳役,否则将对这些罪行处罚"的规定,该条文被国会否决。

在《弗吉尼亚笔记》中(写于1781年,1787年出版),他写道:"主人和奴隶之间的贸易,一方面是永恒运动的最热闹的激情,最不懈的专制;另一方面是有辱人格的屈服。我们的孩子看到了,就会学习模仿……他们的勤奋精神与人民群众的道德都将被摧毁。在适宜的环境中,当人们可以让其他人为自己劳作时,没有人会自己劳动……事实上,当我想到上帝是公平的,正义不会永远休眠,我就不寒而栗……在这样的竞争中上帝不会偏袒我们。"

1820 年，在《密苏里妥协案》问题上，杰斐逊正确地预测到该争论将以分裂告终，但他错误地以为北方政党在这个问题上完全出于政治动机驱动。1820 年 4 月 22 日，他写道："这个重大问题，如夜间的火警警钟，惊醒了我，让我感到恐惧。我认为这是一次联盟的丧钟……地理线，与道义上和政治上的清晰原则一样，一旦为愤怒的人们所持有，将永远不会被抹杀；而每一个新的刺激将使它越陷越深……如果割让那些领土（这用词不当），可能会带来全面的解放和背井离乡；那么这是一件小事，不会让我再想，我认为这是一个应该做出的牺牲。情况就是，我们现在骑虎难下，我们不能留着他，也不能让他安全地离开。一方面是正义，另一方面是自卫。"

　　后来，关于《密苏里妥协案》，他写道："这个问题刚刚有足够的道德假象，将灰尘洒到民众的眼睛上……联邦党人，不能解决辉格党和托利党的矛盾，他们就重新进行地域划分，实现 14：10，从而引诱老对手与他们联盟。但真正的道德是在另一边。对于将奴隶从一个州移到另一个州与从一个国家转移到另一个国家一样，其奴隶的人数并没有增加，将他们散布在一个较大的表面既增加了他们的幸福，也使得未来解放奴隶更切实可行。

　　关于北方政党动机的这些误解可能归因于杰斐逊当时已年迈，因为，正如他自己生动地描述，他已经是"一脚踏入坟墓，另一脚紧随其后"；但其实我们应该说，这部分是因为，他对新英格兰人，尤其是新英格兰的神职人员心存偏见；此外，他退休后常居弗吉尼亚州影响了他的观点和同情。杰斐逊对乡土非常依恋，他深受环境的影响。然而，他自始至终坚持认为，奴隶制是道德上的大错误，将毁灭整个社会；他在自己简短的自传中留下了这些预言："在命运的书中清清楚楚地写着，这些人是自由的。两个种族是同样自由的，他们将共同生活在同一个政府之下。"

历史证明，以上宣言中提到的两点都是正确的，因为，除了短暂的、被称为"地毯袋时代"（北方人到南方投机谋利时期）的政治混乱时代，在南方各州的有色人种，自他们解放以来，已在任何时候，在政治自由的意义上，与他们的白种人同胞"同样自由"。

第六章

弗吉尼亚州州长

我们前面已经描述了杰斐逊三年忙于立法工作的情形,特别是他如何忙于修订弗吉尼亚法规。1779年6月,他继帕特里克·亨利之后担任该州州长。人们常常说他的一生都非常幸运,但此时此刻好运并没有光顾他,因为随后的两年是弗吉尼亚有史以来,最糟糕的战争时期。

毫无疑问,与法国联盟让当时的殖民地最终受益。然而刚开始也造成了两个坏影响:(1)由于美国人相信法国将帮助他们夺取战斗胜利,所以他们没有全力以赴;(2)它刺激了英国方面的斗志。英国专员宣布,今后在战争中,英国将采取所有这些"上帝和自然放置在她手中"的手段。这意味着,凶猛的印第安人将被调用。对弗吉尼亚州来说,这是一个特殊的时刻,因为在她的西部边疆,大量勇猛的印第安人正蜂拥而入。

我们必须记住,当时的殖民地广袤无垠;除了当今的弗吉尼亚和西弗吉尼亚州,还有肯塔基州和俄亥俄州大部分领土,印第安纳州和伊利诺伊州也属于其中。简而言之,从大西洋到密西西比河都是它的疆域。弗吉尼亚州沿海地区特别容易受攻击、受涨潮影响的地区,有众多的海湾和河流,由于既无堡垒又无人看守,敌人的船只可以轻易登陆。当时殖民地海军只有 4 艘战舰、62 杆枪，以及几艘配有武装的木船。弗吉尼亚州有支人数近万的精英部队，归属华盛顿的陆军队伍；当时盖茨将军正在北卡罗来纳州与康沃利斯作战，急需士兵、武器和弹药。16 岁到 50 岁的男子悉数加入民兵，人数应该有 5 万，即便如此，在弗吉尼亚州，每平方英里的领土上也只有一个民兵。更糟糕的是，据估计，蓝岭以东地区，每 5 个民兵中只有 1 人配枪。国库几乎全空，几乎每一种战争物质都严重缺乏。

这就是当时弗吉尼亚所处的形势，正如帕顿先生所说的那样，"他是一名 36 岁的律师，有音乐天赋、艺术品位，热爱科学、文学和园艺"，然而时势造英雄，现在弗吉尼亚更需要的是一名战士，而不是政治家。所幸杰斐逊先生英勇地迎接挑战大获全胜。对于英国一系列的残忍措施，他以牙还牙，这对于他这样温和性情的人实属不易。亨利·汉密尔顿上校和两个下属官员曾对美国战俘实施酷刑，杰斐逊事后将他们戴上镣铐，投入地牢。他令人造了一艘监狱船，像臭名昭著的英国人在纽约的监狱船舶，以备不时之用；弗吉尼亚州也停止和英国交换俘虏。"我们的人道行为，"杰斐逊写道："没有产生任何效果。因此，我们要采用相反的手段：以眼还眼，以牙还牙，以手还手，以脚还脚。"但在 1779 年 11 月，有消息传来，英国的新将领亨利·克林顿爵士作战不再如此残暴；因此，幸运的是杰斐逊没有必要采取报复措施。

尽管缺人缺钱，障碍重重，杰斐逊还是竭尽所能为华盛顿将军的弗吉尼亚士兵提供补给；同时保证盖茨将军领导的部队在北卡罗来纳州战斗的需要；乔治·罗杰斯·克拉克，这位英勇的指挥官平定了印第安人在西部边境的暴动，并抓获了煽动的英国军官——前面提到的汉密尔顿上校，这一切也离不开杰斐逊的后勤保障。克拉克是杰斐逊的邻居，只有26岁，他带领强行军在荒野中的冒险故事——如何与印第安人交涉，如何最终捕获英国部队——上演了美国革命史上惊心动魄的一章。

实际上，许多杰斐逊选区的人们谴责他对盖茨军队的支持过于热心。他们说，他将本州所需要的资源和部队夺去了。但当初如果康沃利斯在北卡罗来纳州没有被击败，他肯定会蹂躏更无力抵抗的弗吉尼亚州。只有在北卡罗来纳州，才能将他击败。我们可以说，杰斐逊的做法是华盛顿的建议；他为了大陆（美洲殖民地）军队的利益所作出的努力受到华盛顿将军、盖茨将军、格林、斯图本和拉斐德等人的最高表彰。除了留下必需的人耕种土地外，民兵全部出动，马车被征召（其中包括两辆州长的马车），甚至专门为弗吉尼亚制造某些急需的物品。"我们的铁匠，"杰斐逊写道："为盖茨将军打造了五百把斧头和一些印第安战斧。"

1779年就是这样一种情形，1780年情势越来越糟。4月，麦迪逊来信说，华盛顿的军队缺衣少粮，即将瓦解。当时国库已空，政府已无公信力。8月，盖茨将军在肯顿惨败，弗吉尼亚州完全在康沃利斯的威慑之下。10月，莱斯利率领一支英国舰队洗劫了朴次茅斯附近的郡。由于当时康沃利斯的部队在北卡罗来纳州染疾被耽搁，因此两支队伍未能会师，从而没有给殖民地造成进一步的伤害。然而，两个月后，本尼迪克特·阿诺德率部队沿江而上，与另一支队伍在詹姆斯河会师，袭击了里士满。当时，正好刮东风，他们顺风沿河而下，离开了该地区。

1781年6月，康沃利斯入侵弗吉尼亚，在这次的洗劫中，杰斐逊损失最大。塔尔顿被受命前往蒙蒂塞洛抓住正在那里的州长，但所幸夏洛特维尔的一位公民提前通知了杰斐逊。当时塔尔顿和他的部队在主大道疾走时，这位公民正在路易莎的一家酒馆，他迅速猜到了他们的目的地，立刻上马（弗吉尼亚州的纯种战马），抄捷径穿过树林直达蒙蒂塞洛，比塔尔顿提前了约三小时抵达。

杰斐逊非常冷静地处理问题。他首先将家人送到一个安全的地方，将他最好的马送到邻近的铁匠铺装马鞍，然后将文件挑选、分散。在敌人到达5分钟前，他才离开家。

两个奴隶，马丁（杰斐逊先生的贴身仆人）和凯撒，将金银餐具和其他物品藏在门廊的地板下，当初建房子时就预留了这个地方用来藏东西。当马丁在上面将最后一件物品交给地下的凯撒时，他们听到了滚滚而来的骑兵的脚步声。木板一盖，凯撒也被关在下面。黑暗中，他在那里一声不吭，待了18个小时，没有食物也没有水。其中一名士兵试图挑战马丁的神经，将手枪对着他的胸前,威胁说如果马丁不汇报主人往哪儿逃了,他就开枪。"那么,开枪吧",这名黑奴瞪着他,眼也不眨,气也不喘,狠狠地回答道。

塔尔顿和他的部下非常谨慎,没有损坏杰斐逊的财产。与此相反,康沃利斯驻扎在杰斐逊的埃尔克山里,与詹姆斯河的埃尔克岛相对,将种植的农作物、所有的谷仓和围墙付之一炬,宰杀了牛、马(他们甚至残忍地杀掉了一些可怜的、不足岁的小马驹)等家畜,处死了大约30名奴隶。杰斐逊说:"我预料到了,如果他给以他们自由,他做得对;然而他却让他们死于天花、腐烂,让疾病在军营肆行。"

"一些可怜的人爬行回家而死",兰德尔先生提到"传递信息,另一些人死在小棚里或死在马路边,这些人被送往他们慷慨的主人之处;他们得到适当的护理和医疗治理,主人让他们最后的时刻尽可能舒适。"

杰斐逊夫人曾两次被紧急通知逃离敌人,虽然她担惊受怕,但为了丈夫只得默默忍受。这些悲惨的场面,让她情绪波动、焦虑不已,本已衰弱的身体更是不堪一击。1782年9月6日,杰斐逊夫人告别了人世。

有6名担任家庭佣人的女黑奴"在杰斐逊夫人去世时待在房内",她们因此在蒙蒂塞洛享有了30年的荣誉。她们在那儿见证了男主人与女主人的爱情与亲情。管家培根先生说:"她们经常告诉我妻子,杰斐逊夫人去世时,她们就站在床边。杰斐逊先生坐在她身旁，夫人交代了很多事情。当她提到孩子们时，夫人哽咽得说不出话来。最后她举起手，展开4根手指，告诉先生，如果4个孩子交由继母，她将死得不安心。杰斐逊先生握住夫人的手，郑重许诺自己不会再婚。"他遵守了自己的诺言。

杰斐逊描述自己在妻子去世后，陷入"一种精神恍惚"，尽管在此之前，他也曾经精神恍惚过，但这次，是他生命中的第一次和最后一次的糟糕状态，有点病态。他是一个过于敏感的人，他担任州长时，阿诺德和康沃利斯两次在他筋疲力尽时突袭弗吉尼亚州，他常常反思自己的行为，且耿耿于怀。他拒绝再任州长，1781年当选为下议院议员时，他希望能为自己担任州长时的行为解释，从而回答他人对自己的批评，但没有任何人对他提出质疑。1782年，他再次当选为众议院议员，但他没有赴任；麦迪逊和门罗试图说服他出任，却无功而返。他回答门罗说："在我胆敢向我的同胞宣布我决心从公职中退休前，我仔细审查了我的内心。我想了解在每一个政治原则之后，我内心的创伤是否痊愈，我希望知道，在单纯的私人生活范围，是否我的内心仍然没有会令我不安的潜伏粒子。答案是，那种激情的每一个纤维已被彻底根除，我非常满意。"

杰斐逊是一个冲动的人，在某些方面，他是一个活在当下的人，在他自己的事务中，经常将短暂的感觉误以为是永久的感受。因此，他对门罗说的那番话，是彼时彼刻真诚的内心释放。当时他压根不期望也根本没有料到，自己有朝一日会被民众选举为美国总统。

第七章

驻巴黎的使者

妻子过世两年后，也就是1784年，杰斐逊被国会选中同约翰·亚当斯和本杰明·富兰克林一起成为驻巴黎的使者。这个任命凑巧地在他的情绪恢复正常的时刻来临，他也就欣然地接受了。当时对新的联邦而言，与欧洲的多国政府签订条约是非常必要的，而使者团来到巴黎之后，也马上起草了一份他们所期望能够商定的条约。它被称为"在基督教准则下第一个正式的外交举措"，可是最后却以失败告终。但有一个例外。"普鲁士的老弗雷德里克"，按照杰斐逊的说法，"友善地接见了我们"，而与他的条约很快便签订了。

1785年5月，富兰克林回到了美国，而杰斐逊被任命为部长。"你取代了富兰克林先生"，弗金斯伯爵在宣布杰斐逊的任命时说。"我是接任富兰克林博士——没有人可以取代他。"杰斐逊如是回答。

杰斐逊在这个严峻的时刻居于巴黎，这真是万分幸运。可杰斐逊的政见原则来自法国的说法是错误的，因为他在此之前也遵守着它们，而在见证了欧洲君主制政权的不公与民众的悲惨之后，他更加确信自己的立场。1785年的6月，他写信给詹姆斯·门罗说："这次（欧洲）旅行的乐趣会比你想象的少一些，但它的效用却出乎意料。它会使你热爱你的国家,热爱祖国的土壤、天气、平等、法律、人民和礼仪。我的上帝!我们的同胞们完全不知道自己所拥有的世上独一无二的恩赐。我承认我自己原来也完全没有概念。"

1786年8月他写信给乔治·威思说:"告诫我亲爱的先生,一场针对无知的改革,建立和完善了教化普通民众的法律。让我们的国民知道人民自己便可以保护自己不受邪恶的侵扰。而为了这个目的所征收的税,不及向国王、牧师和贵族(那些当我们把民众置于愚昧之中便会崛起的力量)所支付的千分之一。"1787年1月他对麦迪逊写道:"这是狼对羊的统治。"杰斐逊为了确保劳动阶级的境况而呕心沥血。在法国南部的旅途中,他向拉斐特写信,请求他亲自体察民情。"最有效的方法,"他说,"就是绝对的微服私访。你必须把人民从他们的小屋子里侦查出来,就像我做的那样。亲眼看他们的汤锅,吃他们的面包,依靠在他们的床上假寐,但实际上要留心床的软硬。你会在调查中感受到极大的乐趣,而当你基于所见所闻,开始致力于软化他们的卧榻或者向他们盛满蔬菜的锅里扔进一块肉时,你会感到更大的乐趣。"

这些在法国农村的旅行和杰斐逊目睹的那些法国农民(他们饱受苛重税负,却支撑养活了奢靡成风的政府和傲慢闲散的贵族),使杰斐逊成为了一名坚定的共和党人。"欧洲没有一个君主"他在1788年向华盛顿将军写道:"可以凭借他的爪牙或者业绩而被美国人民选为代表。"

但对于法国人民，杰斐逊却情有独钟。他很乐意与那里的人民一起生活，他描述说，在那里"或许一个人终其一生也不会遭遇一次不敬。"他喜欢他们的彬彬有礼，喜欢他们开朗的性情，喜欢他们对科学、哲学和艺术的热忱，甚至他们的红酒和烹调也十分合他的口味，而杰斐逊在这方面的偏爱非常出名，以至于有一次帕特里克·亨利把他戏称为"一个发誓放弃本国饮食的人"。

杰斐逊在巴黎逗留的时间完全与法国革命的"光荣"时期重合。他出席了1787年的显贵会议，并见证了1789年捣毁巴士底狱。

"这个国家的变化，"他在1789年3月写道："是超乎想象的。轻率的谈话已经完全被政治评论声所替代。男人、女人、孩子，都在热议政治……而在当今的时局下，这种时尚十分有益。所有的年轻女士都支持第三等级，而这是一支比国王20万大军还强大的军队。"

事实上，在法国一场智力和道德的革命的爆发先于百姓的起义。一个内部的定论宣判这个国家的政府倒行逆施，欺压百姓。对自由的热爱、对友爱的向往、对平等的热情打动了法国的知识分子，甚至是贵族。在这场危机中，改革者向美国看齐，因为美国刚刚走过了法国踏上的道路。"我们的进程，"1789年杰斐逊向麦迪逊写信说："被他们看做榜样……他们看待我们（的政权）就像看待《圣经》一样，可以自由解释但不容置疑。"

拉斐特和其他人不停地向杰斐逊寻求建议，而杰斐逊那个保持着弗吉尼亚简约开放风格的家，变成了革命时期政治家的集会地点。杰斐逊在三四点吃饭，而餐后杰斐逊和他的客人们一起喝酒谈到夜里九十点。

1789年7月，国民大会任命了一个委员会来起草宪法。委员会正式邀请美国部长来指导会议并提出建议。他不得不拒绝这个邀请，因为这和他部长的身份相悖。没有人比杰斐逊更加懂得礼数，他严谨地审视了他在巴黎尴尬处境的正确行为。

最令杰斐逊头疼的是，我们与盘踞在地中海甚至有时延伸到大西洋海域的巴巴里海盗势力的关系。这是一个进贡还是开战的问题，而大部分的欧洲国家选择了前者。在1784年，荷兰向"高贵、光荣、强大以及最高尚的摩洛哥国王、王子和皇帝"进献了一大笔财富，包括30条缆绳、70台火炮、69个桅杆、21个锚、600根航海用针、24吨沥青、280个食糖糖块、24个陶瓷酒杯、3个钟表和1块"超大号手表"。

杰斐逊确信海盗每年会向美国索要30万美元的贡品来换取和平的商业往来。"当然，"他向国内致信写道："我们的国民不会支付这些。向他们提出一个平等合约难道不好吗？如果他们拒绝，为什么不和他们开战？"他向杰伊先生，即当时的外交部长施压，希望迅速组建一支海军。但是国会奉行无为政策，直到杰斐逊成为总统之后，对待巴巴里海盗的态度才变得审慎而严厉。他在巴黎的全部时间都在和地中海势力商谈释放不幸的美国国民的事宜，有些人一生中的黄金时光都葬送在了恶劣的囚禁生涯中。

杰斐逊先生自己制订的私人职责也并不轻松。他帮助四所大学了解到最有价值的新发明、新发现和新书籍的消息。他特别善于推进机械化进步，他对自己认为会对美国发展有用的相关信息非常敏感。顺便说一句，杰斐逊自己发明了旋转扶手椅、四轮单马马车和犁的模板。他为富兰克林、麦迪逊、门罗、威思和自己买了书；他告知了记者关于瓦特蒸汽机和新的运河体系的事情；他把水稻种子揣在大衣口袋里，从都灵偷运回国内；他连续向美国农民阶级分发种子、根、坚果和植物。杰斐逊派遣郝丁回国来打造华盛顿塑像。他在里士满执行了新首都的城市规划。他为布丰获取了美洲豹的皮毛和新罕布什尔驼鹿的皮草和骨头。为了得到这些，沙利文州长在深冬组织了一个狩猎小队，并在树林中开拓出一条20英里的路来帮助搜索目标。

杰斐逊是最不知疲倦的人，他在巴黎并没有休息。哪怕在处理一些特殊事情时，他还为加尔都西会的修道院修理过房间。他有一辆马车和自己的马，但他买不起配有马鞍的单骑。他并没有骑马，相反他每天下午都会走大概六七英里的路程，有时候的路程是这数字的两倍。一次杰斐逊和他的朋友一起走在这样的归途中不幸跌倒，造成右手腕骨折。杰斐逊回到家才把手腕的伤势告诉朋友，尽管他因此承受了很多痛苦。而回到家之后，他便马上开始用他的另一只手写了许多信件。在其中一封留存下来的书信中，可以看出他的笔迹虽然僵硬但十分清晰。

杰斐逊先生的两个女儿被安排在巴黎附近的修道院学习，一天他十分吃惊地收到了他大女儿玛莎的信，恳请他同意自己一辈子留在修道院做修女。在之后的一两天里她没有收到回复。接着她的父亲乘着马车来访，在同修道院院长小谈之后带走了他的两个女儿。从那之后，玛莎在她的年龄允许范围内一直掌管他父亲的家庭事宜。两个人从没有谈过她的那次请求。很久之后，在玛莎向自己的儿女讲述这段故事时，她称赞杰斐逊先生在面对这个她自称为"暂时的冲动"时的机智老练。

这件事情之后，杰斐逊觉得该是时候把女儿们带回家了，便请了6个月的假。一家人在1789年11月18日来到了诺福克。他们缓慢地向家前行，一个接一个地拜访朋友，在圣诞的两天前回到了蒙蒂塞洛。奴隶们高兴地恭候他们，并把四匹马卸下车，牵到陡坡上。杰斐逊下马的时候终于支撑不住，他的黑人奴隶和朋友们簇拥着将他抬进了屋子。

第八章

杰斐逊国务卿

杰斐逊先生非常迫切地希望重新回到驻法部长的职位上，但是最后还是同意了华盛顿诚挚的要求，成为了新政府的国务卿。他在蒙蒂塞洛逗留了一段时日，见证了玛莎与托马斯·伦道夫的婚礼，之后在1790年3月底踏上了长达21天的寒冷、潮湿的纽约（当时政府办公地）之旅。他在少女巷57号租了一间小房子，接着便马上投入到了已荒废了6个月的工作当中。在他写给女儿们和蒙蒂塞洛的信件中展现了他当时不同寻常的，或许还夹杂着几分思念之情的束缚感，而这使他遭受了长达3个星期的神经性头痛。病魔的降临也许和纽约的气候有关，杰斐逊先生曾这样记述过："据我所知，这里从不曾出现过春秋季。这里有10个月的冬天，两个月的夏天，还有一些冬日散布在一年当中。"但是让杰斐逊感到不悦的不止是思乡和头痛。很久之后，他自己这样描述过：

> 我在法国革命的第一年离开，离开了那一片追逐自由权益和改革热忱之土。我对这些权益的热爱并没有得到强化，但它却在处理日常事务中进一步觉醒、发酵。总统友善地接见了我和我的同事以及圈子中为首的公民们。晚宴

上他们对我这个初来乍到的陌生人盛情款待，使我马上便融入了他们熟悉的社会圈子中。但当时餐桌上的攀谈所带给我的好奇和屈辱，也是我无法言喻的。政治是核心主题，相对于共和体制，主流意识更加偏爱君主专制。我不是一个变节者，也不是伪君子，而整个晚上我似乎是唯一支持共和制的人，除非在客人当中碰巧有立法机关的共和党人。

值得注意的是，杰斐逊离开法国返美时正是联邦执政时期，国会在实施法律和控制州政府上的无能显而易见并具有灾难性，这使建立强大的中央政府的必要性逐渐深入人心。新宪法为了迎合这种需求被重新修订，但是它在措辞上模棱两可并且对细节避而不谈。宪法是该建立在贵族主义的思想上还是民主主义思想上？新的国家应该围绕贵族体系还是民主体系？这是一个棘手的问题，使一直以来分别以汉密尔顿为首和杰斐逊为首的两大势力的分歧，再一次浮出水面，这次斗争最终以1800年杰斐逊赢得总统之位告终。

汉密尔顿和他的党派全然不信任人民政府。[1] 约翰·亚当斯曾宣称，英国宪法除了它腐败的元素以外，是一个理想的宪法。汉密尔顿则更进一步断言说英国的政体，包括它的腐败在内，是最可行

---

[1] 卡瑟琳·赛奇威克小姐的父亲是一个联邦党领导人，他的女儿记述说尽管他是一个善良的人，他习惯于称人民为"雅各宾党人"和"异端者"。

的体系。亚当斯先生认为如果不是终身制的话，由贵族组成并长期出任议员的参议院是至关重要的。汉密尔顿的理论是人类是无法自我管制的，因此统治民众的方法只有两种，暴力或者是欺骗。在他的眼里财产是政权理想的根基，他把拥有"一千西班牙币"设定为选举者的门槛。

汉密尔顿派和杰斐逊派观点的差异主要源于对教育和道德之间关系的不同认知上。在最后的分析中，所有的贵族主义制度必须要建立在暴力之上或者承认教育和道德是因果关系，即富裕的、接受过良好教育的阶级在道德上高于受教育程度低的阶级。杰斐逊并不接受这个论调，所有相信民主的人们也都和他保持一致。他有一次在信件中就这个问题重申了自己的信条：

> 一个人的道德感或者良心就像他的胳膊和腿一样，是他不可或缺的一部分……它可以在练习中得到提升，就像身上的其他肢体。所以道德感确实在一定程度上和得到的指导有关，但只能影响很少的一部分，甚至比我们所说的常识占的比重还少。向一个耕田的农民和一个教授陈述一个道德案件，通常前者会比后者做出更好的决定，因为他不曾被人造的框架所误导。

这是深刻的哲学思想。政府中最大的问题，无论是对内还是对外，都是道德上的，而不是智力上的。当然政府也要面对纯智力上的问题,就像对于自由白银和黄金体系的选择,在这些事情上人们也许会犯错,但那并不致命。没有一个国家是由于在贸易和金融上的不同决策而走向辉煌或者毁灭的。至关重要的问题是道德问题,经验表明,在这种问题上人民是可以被信任的。就像杰斐逊所说的,"多数人的意志,即每个社会的自然法规,才是人民权益最强有力的指导。也许人心也会犯错,但是这些错误一定是诚恳的、单独的,并且短暂的"。

华盛顿建立的内阁不仅仅代表执政党,而且包含了当前存在的两个党派,联邦党和非联邦党。而在杰斐逊的影响下,非联邦党很快有了一个更好的名字——共和党。内阁有4名成员:国务卿杰斐逊、财政部长汉密尔顿、战务部长亨利·诺克斯、最高检察官埃德蒙·伦道夫。

诺克斯几乎总是和汉密尔顿站在一起,而伦道夫则时常是杰斐逊的拥戴者。尽管伦道夫是一个有能力的、受过教育的人,但他却总是吹毛求疵、优柔寡断。针对他开始时为一方争辩而最后却为另一方投票的习惯,杰斐逊有过一次评论,暗示伦道夫总是把牡蛎壳留给朋友,却把牡蛎肉献给对手。

杰斐逊和汉密尔顿针锋相对的政见使内阁很快便被分歧拆散。汉密尔顿支持一个强硬的政府,支持总统作风铺张奢华,重视繁文缛节,支持中央集权对抗地方分权。为了达成这个目的,他推行了一系列有名的举措,包括中央政府规定州政府负债情况,为中央政府债务集资,最终建立中央银行。杰斐逊很是反对这些举措。尽管限定负债和集资法有严重的缺陷,并引起了投机,导致很多投资者蒙受毁灭性打击,但杰斐逊也从来没有承认过这些法律确实带来的裨益。

事实是,杰斐逊和汉密尔顿两个人对于这个国家的发展都是必不可少的,而对于这两个人主张的采纳则是各有取舍。汉密尔顿关于中央政府统治州政府的设想被实现了,尽管并没有达到他所设想的程度。但站在另一个角度上,他那种把政府推向贵族制度的举措全都被摒弃,或者,就像总统选举团那样,采纳了与他初衷完全相悖的体系。因此杰斐逊关于州政府权力的设想并没有被严格保留,但他关于人民政府和普及教育的基本思想塑造了今天的美国,我们也希望当它被全面贯彻时可以创造出新的辉煌。

除了华盛顿政府以外,没有一个政权可以在平衡两方优势的同时还能使他们和平共处。汉密尔顿用了一个化名在言论上公开攻击杰斐逊。杰斐逊从来不匿名发表言论,但他同意菲利普·弗瑞纽,一个微不足道的每年领250美元薪金的小翻译,在他刊登文章的报纸上与汉密尔顿开战。杰斐逊甚至在弗瑞纽攻击华盛顿的时候袖手旁观。对此,华盛顿也对杰斐逊有过暗示,可杰斐逊却拒绝介入。"他很头疼但还是很热情,"杰斐逊写道:"我想他是希望我干预弗瑞纽的工作,像把他从翻译的位置调到我的身边来。但是我不会这样做。他的文字拯救了我们的宪法,而我们的宪法正在快速地向独裁靠近……我们总统……即使拥有眼光和从容……却并没有看到这一点。尽管有一些消极的东西通过他的文字传递到了公众那里,可利是远大于弊的。"

在 1792 年春天,已经就职两年的杰斐逊迫切地希望退休。不光是因为他在华盛顿的位置令他有些不快,更重要的是由于他多年在外,忽视家产以至于他面临破产的危险。他的家产很大,但是却欠了英国债权人 13 000 美元。许多年之前,他把蒙蒂塞洛附近的一个农场变卖得来的一笔现金用来还债,但是那时独立战争已然打响,弗吉尼亚的立法机构通过了一项法案,希望所有欠英国债权人钱的人把所欠金额如数存在州政府,并承诺在战争结束后由州政府还给英国人。杰斐逊于是便把 13 000 美元以黄金的形式存入政府。但是之后这项法律被废除了,所有缴纳的钱以当地纸币的形式退回给缴款人。那笔钱贬值到了几近一文不值。多年后,有时杰斐逊骑马经过卖掉的农场还指着它说:"这个农场我是以一件大衣的价钱卖掉的。"而这件大衣的价格就是 13 000 美元的价值。康沃利斯,如我们所见,毁掉了杰斐逊的财产,损失高达这笔款项的两倍多。这也可以看做杰斐逊又还了一次债。但杰斐逊最后第三次付了款,这次是支付给了真正的债权人。与此同时,他写道:"在我终于不欠任何人任何钱的那一刻来临前,我内心所承受的煎熬几乎让生活变得毫无价值。"

在这一切的驱动下,杰斐逊在 1792 年不顾华盛顿的反对,毅然提出辞职。但当时联邦党人对他的火力进攻，尤其是报纸上的口水战，使得他此时的辞职看起来像是被敌人踢出了政坛。杰斐逊因此决定再多做几个月的国务卿，而这短短几个月却是他整个任期当中最为关键的。

1793年1月21日，法国国王路易斯被处以死刑，而这之后的一周，英国宣布和法国新统治者开战。美国同法国的条约很快就出现了严重的问题。法国人认为美国在道义上有责任协助他们抗击英国，正如他们曾协助过我们一样。他们派遣"公民"热内担任大使乘"伏击号"护卫舰访美。1795年4月8日，护卫舰载着40杆火枪、300名军人，船艏饰像上带着自由帽子，身后装满了英国战利品，驶进查尔斯顿的港湾。"公民"热内在法国人眼里也算是轻佻而冲动的人，在他上岸的一周之内便下令希望征用美国人的武装民船。"伏击号"随后开向了费城，就像在查尔斯顿一样，"公民"热内受到了最热烈的欢迎。他的光临迎来了共和党人普遍的致敬和欣喜，他们大声呼吁开战。"我希望，"杰斐逊在一封写给门罗的秘密邮件中写道："我们能够站在一个较为中立的立场上稍微安抚一下民众。"

这个立场也是华盛顿和整个内阁所采纳的，也证明了杰斐逊惊人的智慧、正义和坚决。尽管大多共和党人因为同情法国和热内而冲昏了头脑，他——这个美国国内最爱法国也最了解法国革命的动力和缘由的人，承受住了这场风暴，并把他的目光集中在美国自身的利益上。英国此时不同于其在美国独立战争结束后签订和平条约的状态，它依旧在西方拥有强大的军事实力，而它的海上霸主的地位毋庸置疑。与它开战，对于美国来说无疑是自杀行为。这件事情还为时过早。更何况如果美国和法国站在一边，接着会不可避免地爆发一场与西班牙的战争，而西班牙当时占领着佛罗里达和密西西比河口。

然而，保持中立又分为许多方式：有进攻型的和友好型的。汉密尔顿倾向前者，因为对于英国的极端偏见使他对法国的态度充满火药味。杰斐逊则偏向后者。一个简单的例子便足以揭示出他们的差异。热内提出希望美国提前偿还对法国的债务以表达对法国的支持。汉密尔顿提议不加解释地拒绝这个要求；而杰斐逊则主张如果合法的话就同意这个要求，但如果这个提议并不合法，那么拒绝时要附上解释和理由。杰斐逊的建议最终被采纳了。

杰斐逊先生尽管拒绝了热内诸多不合法、不正当的企图，但举止不失风度，既不破坏双方的友谊，也不减少对法国部长的控制。在写给麦迪逊的信中，杰斐逊这样评价热内："他让我的处境非常难堪。他私下里对我非常礼貌，给他一段时间冷静下来后，我可以自由地发表我对他的建议，对于那些话他也非常尊重。但在下一个场合他又会变得狂躁。"

最后"公民"热内变得绝望，武装了一个"伏击号"的战利品，即一艘对抗英国的战舰，它标志着美国将打破它中立国的立场。

在他想把战舰送入战场遭到阻止时，他威胁要从总统那里向全体美国人民上诉。于是问题就出现了，要怎样处理热内？内阁就这个问题争论异常激烈。诺克斯认为应该摒弃欢送仪式，把他悄悄遣送回国。汉密尔顿则认为应该把他和政府的通讯信件公之于世，并揭露他的所作所为。杰斐逊支持把事情原委告知法国政府并附上所有通讯文件，并要求法国政府签发针对热内的召回文件。与此同时，整个国家陷入了一种起伏不定的躁动状态。费城出现了暴乱，就连华盛顿的神圣形象也在诗词散文中遭到攻击。

总统决定采纳杰斐逊的提议。法国任命了一位新的部长，而整个热内插曲最终以热内与纽约州长乔治·克林顿的女儿完婚而收尾。热内从那以后便一直定居纽约，成为了一名可敬的公民和一位农业实践家。他在1834年去世。

费城夏天的狂乱在黄热病的恐慌和凄凉中结束，所有政府官员都逃离了这座城市，杰斐逊是最后撤离的。

第二年，在热内和杰斐逊之间，以及英国部长和杰斐逊之间的通讯信件被公开之后，我们的国务卿在能力、审慎、智慧以及对于所有牵涉国的利益权衡和正确判断上，都得到了广泛认可和赞扬。而杰斐逊就在这一片欢呼声中光荣退休了。

第九章

两个党派

杰斐逊最后回到了蒙蒂塞洛庄园，已经辞掉了国务卿的工作，他宣布并且相信他的政治生涯将永远结束。对许多通讯记者他都如此写道："我想我不会再拿起任何一类报纸。我的头脑完全沉浸在我的乡村工作中……我亲爱的先生，没有任何情况，会再吸引我参加任何的公众活动……我不会为了这个宇宙中的帝国放弃退休的。"

在1795年，当麦迪逊写信恳求他接受共和党竞选总统候选人提名时，杰斐逊先生回复道："我年轻时那份小小的雄心抱负，很久以前就消磨殆尽了……这个问题我永远都不会妥协。"然而，几个月之后，杰斐逊先生接受了提名，这主要是因为凭借着平时敏锐的洞察力，他预见到共和党会竞选失败，但是候选人会当选为副总统。要知道那时候选票排第二的候选人会被宣布当选副总统，所以那个竞选失败的党派的候选人总有机会成为第二把手。

杰斐逊乐意接受副总统职位的原因有很多。比如说它不会涉及令人不愉快的责任；它不需要在娱乐方面花费大量的资金；它的薪水很高，并且只需要在华盛顿住上几个月的时间。"杰斐逊先生总是告诉我，"培根先生曾谈论说，"副总统的位置比总统要诱人得多。"

于是杰斐逊先生成为了共和党的候选人，然后也如他所料，被选为副总统，选票结果如下：亚当斯 71 票，杰斐逊 68 票，平克尼 59 票，伯尔 30 票。

由于杰斐逊先生在国内的威望很高，许多人都认为他不会屈居副总统之位。于是麦迪逊向杰斐逊写信，建议他在 3 月 4 日到华盛顿宣布就职，以消除这种言论。杰斐逊先生照做了，后来发现，他还带了乳齿象的骨头和他还是一个法律学生时的手稿，上面写着"议会口袋书"——这就是精心编著的《议会规则手册》，这也是杰斐逊留给参议院的遗产。

收到竞选结果的消息时，杰斐逊向麦迪逊写信说："如果亚当斯先生可以做到根据真正的准则来管理政府，并放弃对于英国宪法的偏袒，整体上来说，会更容易在未来的竞选中赢得公众的理解和认同。他可能是汉密尔顿进入的唯一确定的障碍。"

亚当斯先生在他刚任总统时倾向于对杰斐逊先生实行保密策略，但是很快，由于一个突然而来的契机（对于他来说不算少见），他选择了另一条道路并从此对待副总统礼数有加，不再隐瞒。

那个时期，联邦党人和共和党人之间几乎不可能有友好诚挚的关系。在这个时期，杰斐逊曾向爱德华·拉特利奇写信说："我们曾经见证过激烈的辩论，怀揣高涨的政治热忱。当时政见不同的绅士依旧可以彼此交谈，并把议院的工作和社会生活分开。但是现在不同了。那些一辈子都很亲密的人们宁愿穿越马路来回避见面，还要把头转向一边，生怕四目相交要行触帽礼。"

这种党派情绪在1798年被"XYZ事件"激化。亚当斯先生委派了三个理事去巴黎协商一个条约。法国外交部部长塔列朗对他们的态度很是冷淡，但是他们却从一些神秘的代理人那里得知签订条约需要满足三个条件：（1）总统必须为他最近的声明向国会道歉；（2）美国要借给法国政府一笔巨款；（3）要支付给塔列朗的代理人高达25 000美元的赏金。

这些屈辱的条件被理事们义正言辞地拒绝。它们之后被传达到了美国本土，引起了公众强烈的不满。备战工作随之紧锣密鼓地开展着。华盛顿将军尽管年迈体衰，被封为最高统帅，但真正的指挥权却转移到身居第二把交椅的汉密尔顿手中。战士和军备被远送重洋，捕拿敌船的特许证被一张张签署，战争的序幕正缓缓拉开。时局对于联邦党人十分有利，因为他们总是期待着和法国开火，就如同他们总是厌恶和英国作战一样。最新上任的军官无一例外都隶属联邦党派，而汉密尔顿距离他梦寐以求的军事生涯似乎只有一步之遥。他坚信，一如他最亲密的朋友莫里斯在他死后回忆时说："在变革和机遇并存的时代，我们可以参与到一些战争中去，它将巩固我们的联盟并赋予我们的执行官们更大的勇气。"所以在1802年，汉密尔顿向莫里斯写信："我们需要系统化的不屈不挠的努力来开创一个帝国的未来，它的根基要比现在更加坚不可摧。"那个时候他正在和米兰达,还有英国政府协商,他的计划是调用原本针对法国的作战部队来对付墨西哥。

汉密尔顿不是一个会为了一己之私而推翻政府的人,也不会用专政来取代共和制。但他相信共和制会有不攻自破的一天。他总是在期待一个"危机",这个词在他的通信中频频出现。甚至在他致命决斗的前夜,他在那份可悲的文件里的重要句子中,还是如此写着。在"危机"到来的时候,汉密尔顿想要在场,如果可能的话,在军队的最前线。

可是"XYZ事件"和平解决了。美国人展现的战斗意志对法国政府有着极具积极意义的影响。在他们的建议下,美国总统派遣了新的使者,条约终于成功签订了。亚当斯先生这个明智而又爱国的举动对于美国是十分有益的,但是这种态度却引起了联邦党内部的强烈愤慨,最终使他在党派中失去了地位。

但是对于整件事杰斐逊的态度又是如何?他不支持战争并主张把塔列朗及其代理人的行为和法国人民的真实意愿区分对待。他这样写道:"由于对此类事件缺乏经验,人民没有想到去怀疑那些私人骗子的邪恶手段可能在暗中运作勾结,并为法国政府的外交染上了私欲的色彩,因为他们的行为既没有证据也没有可能。"接着说道:"然而我看到在接下来的冬天,英法之间的和平已成为必然,我认为对我们最好的解决方式是在今年夏天继续承受在过去的4年中承受的来自英国和法国的东西,并且还会继续承受来自英国的,然后在这和平时代里取得一份我一直坚信应由两国共同缴纳的赔偿金。"

但这是非常不好的政治理念。一个国家不可以通过向哪怕仅仅是一时的罪恶和凌辱屈服来获得正义。杰斐逊自己也曾说过:"我认为惩治那些最初加在我们身上的屈辱是符合国家利益的,因为面对侮辱而不反击,只会孕育更多次的欺凌。"他可能是被自己对法国的喜爱和对联邦党人及他们对英国的暧昧态度的厌恶所误导。尽管塔列朗代理人所要求的贿赂的确可以被认为是按照杰斐逊的话,"私人骗子的邪恶手段,"但即使也许法国基层人民并不认同这个行为,要求美国交纳巨额借款和撤销政治主张只能被认为是国家行为,也是法国政府的行为。

无论杰斐逊的姿态是对是错,他始终保持着绝对的自信和沉着。在那时,联邦党叱咤风云,他们操控竞选,汉密尔顿预期的"危机"似乎终于降临了。但是杰斐逊只是冷静地等待暴风雨的结束。"我们的国民,"他向友人写信时说:"本质上都是共和党人,他们依旧完全坚守 1776 年的准则,而那些始终如一的人民在长远发展中是无所畏惧的。"

而历史恰恰证实了这一点。联邦党人的权势很快便倒塌了,因他们的政治犯罪和愚蠢,尤其是他们的"客籍法"和"镇压叛乱法",而陷入了万劫不复。读者应该并不陌生,"客籍法"可以使总统有权把"他认为对美国的和平和安全有威胁的人"驱逐出境——

一个英国历代国王都不曾拥有的专横的权力。而"镇压叛乱法"则规定无论是口头还是书面发表任何"虚假的、诽谤的、恶意的"关于所谓"美国正义之士的愤懑"的言论，并旨在煽动针对国会或者总统的不满情绪的行为统统属于犯罪，可以通过罚款和监禁进行处罚。很显然，在这个弹性的法条下，极有可能发生联邦党法官利用该条文对人民进行极端的压迫。来自佛蒙特州的马修·里昂冒险在一次政治会议上大声朗读一篇收到的信件，里面谈到对于总统最近向众议院做的声明却没有"把他（总统）直接送进疯人院的命令"一事表示十分惊讶。因为这件事，里昂先生被处以1000美元的罚款并被关押到地窖里。

杰斐逊和麦迪逊强烈反对这些反宪法、反美国式的法律。1798年10月，杰斐逊写道："我个人认为这些法律只是测试美国人意志的实验，看看美国人对于公开违反宪法可以容忍到什么尺度。如果这个可以实行，那我们可马上看到国会的另一个举措：声明总统是终身制，可以由他的继承人合法世袭，并且议员也将成为终身制。"

杰斐逊还准备了著名的肯塔基州决议案，并被该州的立法机关采纳，但作者的身份一直被隐瞒，直至杰斐逊20年后公开承认。这些被广泛评论的决议被称为是否决原则（州政府对联邦州政府决议的拒绝执行）学说的起源，并保留了分离主义原则，也就是1861年南部的行动依据。

决议的大致内容如下：所有政权在于人民，根据名为宪法的契约规定，人民可以赋予联邦政府和其他州政府一些具体权力，所有其他的权力归人民所有。而"客籍法"和"镇压叛乱法"使得联邦政府运用了不属于它的政治权力，因此这些法律是无效的。

所以毫无疑问，杰斐逊的观点是合理的，即使是今天也不可否认。但是问题随之而来：接下来做什么？州政府或个人是否应该继续执行那些法律，直到有一个新的可以胜任的权威宣布它们无效？我们现在知道最高法院对于法律是否符合宪法有唯一的决定权。1803年因为马伯里诉麦迪逊案，由马歇尔（担任首席大法官）和他的同事们第一次树立了这样的观点，而当时的决定尽管一时之间引起了争议，但后来也慢慢地为大部分国民所接受。但是这个案子是在肯塔基州决议案后许多年才出现的。更何况，马歇尔是一个激进的联邦党人，而他的观点并不被大众普遍认可。杰斐逊曾嘲笑过这种观点，他一生都在反对最高法院的假设，认为一群终身被聘用的、脱离了人民控制的人，不应该有拥有完善宪法并决定国家法律是否符合宪法的巨大权力。在1804年他写信说："你似乎觉得理应由法官来判断镇压叛乱法是否符合宪法，是否有效。但是宪法里并没有赋予他们比行政人员更高的权力来使他们裁决行政人员。"

但这种把法律是否符合宪法的决定权赋予法官的观点，无论是对法官自己而言，还是对立法部门和执法部门而言，都无疑是使司法部门成为了一个独断专横的机构。

在肯塔基州决议案中，杰斐逊提出：第一，宪法是州与州之间的契约；第二，宪法没有指定任何一个人或者组织担任一般性法官来回答宪法权限范围内一个州和国会之间的问题，或者是人民和国会之间的问题；第三，"就像所有力量团体之间没有一般性法官的契约一样，每一个团体都有相等的权力自己进行裁决，包括违反（契约）的程度或者是纠正的尺度。"他可以持这样的观点是因为当时还没有规定最高法院是宪法所指定的"一般性法官"，而且宪法在这一点上规定并不明确。此外，那些有争议的法律并不是最高法院通过的，它们由于自身局限性在这个历史时期到来之前就已经作废了。

有一点是需要承认的，那就是肯塔基州决议案确实包含了废止原则。但当时在提出的时候，否认（州政府拒绝执行联邦政府的法律）是一个可被允许的原则，因为宪法没有明确规定不可以。直至1803年，就像我们看到的，最高法院解释宪法时规定不包含这条原则，这个决定被反复敲定多次，经过举国上下近50年的默许，在1861年正式被称为国家的法律。

杰斐逊并没有试图把事情推向一个逻辑上的结论。他起草的决议只是为了达到道义上的效果，就像他写给麦迪逊的信中所解释的："我觉得我们应该分别断定它们所包含的所有重要原则，为未来创造一些可以坚守的基础，把事情放在这样一个尺度上：我们不用把概念推向绝对极端；相反在具体情形下，只要还在谨慎合理的范围内，我们可以自由地把概念进行解释推广。"[1]

至于从肯塔基州决议案可推断出分离主义和废止原则的假设，是没有根据的。这两个理论并不是共同进退、休戚相关的。决议中没有任何部分暗示过分离的合法性。杰斐逊就像大部分那个年代的美国人一样，很漠然地考虑着密西西比河以外的领土和美国完全分离的情形，但没有人比他更加重视这个问题。正如他所描述的："我们的统一，我们最后一分希望，都是为了阻止这个天堂般的国度成为角斗士的竞技场。"

---

[1] 亚伯拉罕·林肯在他第一次就职演讲中说："但是如果国家针对一个影响到绝对人口的重大问题的政策要不可改变地取决于最高法院的决定，那决定下达的一刻便是人民不再是自己主人的一刻，而他们的政府在这个意义上也将落入这个杰出的法院的股掌之中。"

第十章

杰斐逊总统

在1800年的大选中,亚当斯依旧是联邦党的候选人,而杰斐逊则是共和党候选人。杰斐逊凭借各种采访和诸多长篇信件,以及他自己杰出的智慧和人格魅力,使许多非联邦党的元素融合在一起,形成了一股紧密的、有纪律性的共和党力量。这次的角逐弥漫着极大的不满情绪,而这不满主要针对杰斐逊。这其中有很多的原因。杰斐逊深深地得罪了两个在弗吉尼亚州极有权势的阶层:(1)旧贵族及亲英分子;(2)除去不顺从国教的新教徒在外的宗教元素。得罪前者是由于限定继承权的废除,后者是由于在弗吉尼亚州的信仰自由法令。这是他一生备受赞誉的功绩,但是它们却引发了对杰斐逊强烈的敌意,一直持续到他死后很久。杰斐逊虽然有时候过于小心,有时候却也鲁莽、不谨慎,所以他的那些关于人民和措施的自由言论经常会使他遇上麻烦。只要我们认识到他是一个冲动的人,那么就能理解他的工作表现。他的判断很多凭借直觉,虽然很多是正确的,但也经常是急促而欠妥的。

总体来说,无论对于他的朋友还是敌人,杰斐逊都是共和主义的象征。他代表了那些联邦党人,尤其是新英格兰律师和牧师所认为的对于法律、秩序、政府和宗教的颠覆性的观点。这些人对于他的评价是"政治上的狂热分子和无神论者",他们极度倾向于相信任何关于杰斐逊丑恶的一面之词,以至于他们完全相信对于杰斐逊的诽谤——那个年代性质最为恶劣的政治暴力,远远超过了今天捏造丑闻的水平。我们已经了解了杰斐逊如何悉心照料自己的寡妇妹妹,卡尔太太和她的孩子们。而来自康涅狄格州的科特·马瑟·史密斯教士则宣称杰斐逊是通过抢劫这个家庭来获得其产业的,即他从这位遗孀和她的孩子那里抢劫了10 000英镑,"这所有的一切都是有据可循的"。

如前文所言,杰斐逊是个自然神论者。他每天都会阅读《圣经》,是个有信仰的人,他的言辞没有那么激烈,对于正统基督教的态度也远没有约翰·亚当斯那么咄咄逼人。然而,联邦党人确信他是一个暴力的无神论者和反基督教分子,其中可能有部分原因是杰斐逊导致了弗吉尼亚州教堂的政教分离,这大概是源于他个人对科学的兴趣和对法国理论的喜爱。因此当时还广为流传了一段笑谈:在听说杰斐逊1800年当选总统的消息后,很多新英格兰的老妇人恐慌地把自己的《圣经》藏到了井里。

选票的结果是这样的:杰斐逊73票,伯尔73票,亚当斯65票,平克尼64票,杰伊1票。杰斐逊和伯尔,共和党竞争副总统的候选人,并列第一。他二人的角逐则由众议院以州为单位投票决定。在众议院联邦党人占大多数,但就所占州的个数而言并没有优势,所以他们无法使亚当斯当选,但可以使伯尔代杰斐逊上台。

开始的时候他们也的确想要这么做,有些人认为杰斐逊持有的恶劣言论远比伯尔那些直率的原则危险得多,还有人认为如果伯尔凭借着联邦党人的力量崛起,可能将来会采纳联邦党提出的议案。他们很害怕杰斐逊会清除所有的国家债务,废除海军,并把当时掌权的联邦党人统统撤职。各方人士都试图从旁接近他,甚至亚当斯总统也希望杰斐逊在他想要出台的政策中,对这些观点的态度表现得稍微暧昧一点,但杰斐逊坚定地拒绝了。

在一次类似的和古维尼尔·莫里斯访谈之后,杰斐逊写道:"我告诉他我会把我至今坚持的道路交给世界去评判,我相信我现在的职责就是保持沉默。我绝不会发表任何见解,绝不会由于妥协而走进总统办公室,也不会让所谓的条件束缚我的手脚,让我无法实施我认为会对公众有益的事情。"

联邦党人有一个非常有特色的计划:他们想要推出一条法律,规定在总统空缺的情况下,总统一职由参议员主席担任。而这个空缺他们可以通过延长选举时间直到亚当斯先生届满来实现,这样现任参议员主席,一个联邦党人,便可以名正言顺地成为总统。杰斐逊和他的朋友们准备坚决阻止这个阴谋。"因为,"他之后解释道:"这个先例一开,那它就会人为地再现,这样便会造成专权。"

汉密尔顿却坚持拥护杰斐逊上台,最终通过特拉华州的贝亚德先生的行动,杰斐逊先生被选为总统,使当时一触即发的南北战争得以避免。贝亚德是一个联邦党人领袖,声称是杰斐逊先生的挚友，并在刚刚提到的政见上对杰斐逊先生表示认同。

亚当斯先生为自己的失败十分懊恼，并没有出席他继承人的就职演讲，而是在3月4日的清晨乘马车黯然离开了华盛顿。杰斐逊则意气风发，昂首纵马来到国会大厦，屏退侍从，独自下马，亲手系好缰绳。他的就职演讲短小精悍、措辞优美，温和而开明的言辞深深地震撼了每一位听众。新任总统说："让我们恢复社会交往原本的关爱与和谐，没有它们，自由甚至生命本身也会变得沉闷腐朽。"

杰斐逊担任了两届总统，在他之后上任的分别是麦迪逊和门罗，两位既是他的朋友也是门徒，被他的思想所感染。他们同样也都相继连任。于是在之后的24年当中，杰斐逊和杰斐逊式的民主思想统治了美国政府，举国上下繁荣昌盛。没有一桩联邦党人的可怕预谋得逞，而这个备受爱戴的政府的执行力也得以证实。

杰斐逊当选后的第一个问题就是任命官员。这情形和后来的克利夫兰总统刚上任所面临的问题相似，那就是每一个角落都由敌对党的反新政府的人员把持着。而杰斐逊所采用的原则和后来的克利夫兰总统也是如出一辙，即没有人会因为自己的政见而被撤职，但如果他在政坛上有挑衅行为，那就足以有被开除的理由了。杰斐逊先生把它称为"竞选行为"，而克利夫兰先生则叫它"攻击性党派偏见"。

这篇杰斐逊总统写给财政部长的信件体现了他是如何分析这

个规则的:"反对新贝德福德的蒲柏的主张还不够充分。虽然他享有投票自由权,这并不代表他可以干预政党秘密预备会议,但仅仅是出席并不一定会对雇佣他的政府产生什么真正的负面反政府影响。"

在实施中间也曾出现了些差错,但是总体来说遵守了杰斐逊先生的规则,不过很难说到底是被撤职的联邦党人对他的毁谤造成的伤害大,还是因为拒绝撤销联邦党人的职位导致共和党内讧对他的伤害大。

在一封信件里,他的理论再次被提出:"如果任期届满是一种权力的话,那怎么可能还会有空缺的位置?几乎没有职位因官员去世而空出,辞职的根本没有……要是当时职位掌握在大多数人手中,那我必然十分欣慰。我本来应该很乐意完全让时间和意外事故来使他们获得应有的职位,但他们完全被排除在外的现况又呼吁我快速做出纠正。我会改变程序,但即使改变了,也没有执行。我十分期待出现一个理想状况,即决定候选人只需要考虑这样的问题,'他诚实吗?','能胜任吗?''他忠于宪法吗?'"

杰斐逊以及整个共和党上台不只大刀阔斧地改变了政府,也改变了美国的国民意识。这种改变大多是无形的、难以言喻的,就好像一个人在他的工作生涯里终于摆脱了某种控制力量而获得了新的生活状态。国民们能感受到一种独立、一种骄傲、一种张力,这使得各行各业顿时焕然一新,呈现出勃勃生机。

杰斐逊总统所采用的简约形式也是国民理想中的变革的体现。他废除了贵族礼仪中的早朝,停止了总统生日庆典的传统,还以书面通知取代了亲自到国会大厦演讲来传递议案和国会派人到白宫宣布回复的繁文缛节。总统府不再被称为宫殿,他裁减了海军和陆军的规模,经济的概念融入了每一个行政部门,他还偿还了3300万美元的国家债务。他减免了国内税务,取消了破产法,这两项极大削弱了他自己的财政依托,这些举措多年后得到了约翰·伦道夫的称颂:"我从没见过其他哪届政府如此这般认真而诚恳地倾向于放弃自己的财政依托,并且做得甚至比国会和人民期待的还要深入。而这个政府就是托马斯·杰斐逊的第一届政府。"

而第一届政府最重要的两项举措其实是消灭巴巴里海盗和取得路易斯安那州。在杰斐逊先生还是驻法大使时采取的不甚有效的武力消灭地中海海盗势力的努力,又一次进入准备阶段。在亚当斯先生的任期里,200万美元被花在了贿赂海盗,其中1796年有这样一条记录:"给予阿尔及尔总督一个承载36支枪械的护卫舰",而这只护卫舰装满了价值10万美元的火药、铅、木材、绳索、帆布和其他的海盗用具。122名人质当年获释,其中10人已经被奴役11年之久。

杰斐逊上台的第一件大事就是派遣三只护卫舰和一艘战时单桅帆船到地中海一带震慑海盗,并且为美国的贸易往来保驾护航。于是,便展开了一系列的事件,最终使得地中海上的贸易从此摆脱海盗的困扰,安全性可以和英吉利海峡媲美。至于迪凯特和他英勇的同事们如何漂亮地执行了这项政策和欧洲海军力量如何迟缓地效仿了这个本应由他们来建立的榜样,我们每一个人都应该了如指掌。

第二件大事便是获得路易斯安那州。路易斯安那意味着从密西西比河到太平洋之间的辽阔疆域,占地近100万平方英里。这广袤的土地自从西班牙发现它之日起便属于西班牙,但在1801年美国驻巴黎的大使传来消息,声称西班牙已经或者是打算想要把这块领土割让给法国。很久以来,在密西西比河定居的人们就对西班牙占领密西西比河河口十分反感,而当时已经开始有人呼吁美国至少应该控制新奥尔良。一旦这片广阔的土地落入法国人手中,并且成为拿破仑的殖民地(据说这是他的打算),那么法国作为欧洲最大的力量将成为美国边境最强劲的对手,并且它还将控制美国一个极为重要的通商口岸。我们现在看得很清楚,但是当时哪怕是精明能干的像美国驻巴黎大使利文斯顿先生,也没有看清楚局势。相反地,他向政府写信说:"……我在很多场合都宣称只要法国遵守现存的关于西班牙和我们之间的条约,那美国就不会有反对交换(路易斯安那)的理由。"

杰斐逊先生在向利文斯顿先生的回信中展现了完全相反的观点:"……法国,把自己置身于这扇门内就体现了她挑衅的态度。西班牙也许默默地持有它很多年,但西班牙的求和主张、谦恭的态度会促进我们在那里的建设……但它一旦落入法国之手就绝不会是如此。法国乖张暴躁,性情极不稳定而又充满力量,这会使她和我们及我们的性格产生永久性的冲突。我们的性格宽宏大量,我们安静,热爱和平,追求财富,但若是和侮辱、质询相比,我们却会鄙视它。我们有进取心并活力四射,就像世界上的每一个国家一样。这些现况使得美法之间在如此恼人的位置上无法成为长期的朋友……法国接管新奥尔良的一刻就是她要永远被禁锢在下游部分的一刻……从那一刻起我们就必须和英国及英国舰队联姻了。"

自从公告发布的那一刻起,为了顺应一个重大改变的洪流,杰斐逊抛弃了他一生贯彻的政策,压抑自己对法国的热爱和对英国的厌恶,踏上了一条彻底的新兴之路。这条路,正如他所预期的那样,指向了美国人民最根本的利益。

于是,利文斯顿开始着手准备商谈购买新奥尔良的事宜。而杰斐逊很快派遣了门罗作为特使抱着同样的目标,全副武装(据说)并接受了一份秘密口谕,即如果可能的话不仅要买下新奥尔良,还要买下整个路易斯安那。门罗身上没有任何一份书面文件提到购买路易斯安那,而且他生怕这个行为遭到国民的反对,也并没有越权。但是就像亨利·亚当斯先生所说的:"杰斐逊的朋友们总是完全信任他。"

那个时机是最合适的,因为英法之间在滑铁卢的战火已接近尾声，而拿破仑正急需用钱。经过一番讨价还价，买卖便成交了。美国只需要花费 1500 万美元，在当时是一个非常公道的价钱，便可以拥有一个片面积超过自己国土两倍的土地所有权。

坦白地说，购买路易斯安那是违宪的或者说是超越宪法范围的行为，因为宪法既没有赋予总统获得新领土的权力，也没有规定以付款的方式宣誓美国信誉的合法性。杰斐逊曾想过修改宪法来使购买合法，但是他的顾问们否决了他。

于是，杰斐逊的第一届行政管理在光辉的成就中结束了。但是这段民众的光荣却远远无法弥补杰斐逊私人巨大的损失。总统的小女儿，爱普斯太太在 1804 年 4 月去世。在一封写给他的朋友约翰·佩奇的信中提到："其他人可能失去的是财富，但我，失去的是必需品，我已经失去了我全部生活的一半。我现在每天晚上都要在孤独单薄的独居生活中度过。也许命运注定要让我连最后一丝天伦之乐也失去。那个我原本一直盼望着的，在我把权力移交给年轻人之后可以在家庭温暖之中迎接人生的最后的希望，彻底破灭了。"

第十一章

第二届总统任期

购买路易斯安那大大提高了杰斐逊的声望，在 1805 年，62 岁的杰斐逊以压倒性优势连任总统的职位。甚至马萨诸塞州都被共和党征服，选票结果如下：杰斐逊和克林顿 162 票，平克尼和鲁弗斯·金，即联邦党的候选人，14 票。

产生这个结果的部分原因是杰斐逊抢在联邦党之前完成了伟业。尽管联邦党领袖由于其针对总统个人的怨恨而极力反对，但杰斐逊购买路易斯安那的这一举措更符合联邦党的原则而非共和党的。而在第二次的就职演讲里，杰斐逊强调要建立强大的中央政府。他说："偿还，一旦生效，那么得到的收入，经过各州的公正分配和对于宪法的相应修正，在和平年代里，就应该被投入到建设河道、运河、公路、美术、制造、教育以及各州其他的重要事务中去。而若是在战争年代里……除了为应对危机所特别实行的措施之外，这笔钱应该用去抵消当年的巨大开支，避免让下代人背负过去的债务，从而防止侵犯他们的权益。"

这个主张和总统第一次就职演讲的内容极为矛盾，并且和他多年以前发表的对于联邦党提案的批判大相径庭，即秘鲁的矿山绝不能用来抵消在开矿中损失的钱财。在之后的日子里，当他退休回到蒙蒂塞洛的时候,他似乎又回归了他早年的观点,并谴责了约翰·昆西·亚当斯动用国库财富来建设公共设施。

但是总统却没有办法再一帆风顺了。国内事务使他焦头烂额,而美国的外交也一直被担忧和屈辱缠绕。

艾伦·伯尔是一名出色的独立战争中的士兵、一位成功的律师和政治家,最终在杰斐逊的第一届任期中担任美国副总统。但是在 1805 年,他由于各种错综复杂的原因——大部分源于他自身道德的缺失,失去了声誉和大笔财富。在这种情形下,他向总统申请一个外交的职位,却被杰斐逊义正词严地拒绝,很直率地指出,无论公平与否,伯尔已经失去了人民的信任。

伯尔面对杰斐逊的断然回绝,只是很符合他个性地付之一笑,几天后和总统最后共进了晚餐,然后便动身去西部开展他准备了一年的阴谋。他的计划被掩盖得天衣无缝以至于很难判断它们究竟是什么,但是可以确定的是他打算出征墨西哥并想亲自统治那里。接着他可能希望可以拿下新奥尔良,然后在分割了美国之后,把美国西部囊括为自己的墨西哥帝国的一部分。伯尔聚集了一小部分兵力和武器,他一边招兵买马一边乘船到了俄亥俄州。

杰斐逊凭靠着他一贯的洞察力,发现了伯尔所谓"获取西部人民忠诚"幌子下真正预谋的危害。他做好了一切准备措施,命令威尔金森将军保护新奥尔良,发表了一篇公告谴责伯尔的进程,而最后伯尔本人在阿拉巴马州被捕并被带到里士满等候审判。

这次的审判马上成为了一项政治博弈。联邦党人为了刁难总统，将伯尔的行为看做党派的行为，不顾3年前伯尔曾杀害了亚历山大·汉密尔顿的事实，指责总统为了政治原因迫害一个无辜的人。杰斐逊本人参与了起诉，他写信向当地的律师提供建议。如果他选择一个清高的姿态，也许会更加有尊严一些，但他所面对的挑衅气焰太过嚣张。伯尔和他的律师团不惜一切手段向总统发起攻击，而且他们还获得了主管这案子的首席法官马歇尔的帮助。马歇尔总体来说是一个公正的人，但他与杰斐逊政见严重不合，他严厉地指责行政人员无法快速获取证据，但在当时的情况下这是不可避免的。他还宣布了总统作为证人出庭，但被总统拒绝，而这件事也并没有被坚持。伯尔最后得以无罪释放，大多可以归因于法律技术上的问题。

然而伯尔事件和美国与英国的外交困难相比，只是沧海一粟。英国总是断言它有在美国强制征兵的权利，有在美国搜索船只的权利，以及带走在船员中发现的任何英国人的权利。在很多时候，那些入了美国籍的英国人也被强行带走。美国一直否定英国宣称的这些权利，而英国人却始终坚持。最终，1812年两国走向了战争。

另外一个纠纷就是中立贸易。在上半个世纪欧洲战火纷飞的时候，美国的沿海城市做了大量向欧洲港口提供货物，或者从一个港口运送到另一个港口的生意，从中获得利益。大英帝国在多次试图阻止美国和自己的敌对国的贸易往来之后，决定以没收美国船只的方式来结束这种局面，宣称美国船只中的货物并非中立国的而是属于交战国的，也就是当时和英国敌对国家的。而在很多情况下，外国的商品进口到美国来贴上一个中立国的标签，然后再出口到从生产国无法直接运送到的国家。1806年4月，总统派门罗先生到伦敦以签署条约的方式解决这个纠纷问题。门罗联合我们的驻英大使平克尼先生送回了一份对于强制征兵只字未提的条约。这是他们所能商谈的最好的条约，只是在这至关重要的一点上保持了沉默。

事态十分严峻，英国上一年参加了特拉法尔加角战争，现在可以在它的公海上运送任意的物资船队。然而总统的领导是快速而大胆的。条约主要是门罗，杰斐逊的朋友和使者协商的，而以东部商人和船主为代表的人民对条约的支持也给事态施加了很大的压力。但是杰斐逊竟拒绝把条约提交给参议院，而是直接送回了英国。历史证明他的立场是正义的，接受一份可以解释为默认了他国在本国强制征兵的权利的条约，对一个国家来说是莫大的耻辱。其他的问题是关于法律性、技术性的问题，但是这个问题触碰到了美国的荣誉。正如1807年杰斐逊当时所拥有的正确直觉，5年后美国人对于外交手腕的迷雾下所掩盖的真正的英美关系表示强烈不满，这也真正导致了1812年英美战争。

然而，杰斐逊却要为门罗的利益着想。在这个时候，门罗和麦迪逊都是下任共和党总统候选人的提名人选。杰斐逊的选择是麦迪逊，但他还是在两人之间不偏不倚。而他当时没有公开门罗签署的条约，也是怕在这个时候公开这份丧权辱国的条约会将门罗的前程毁于一旦。事实上，杰斐逊尽量使用了各种方式来掩盖和弱化门罗的丢脸。

三个月后英国发动了一次侵犯，而杰斐逊在条约态度上的智慧彰显出来了。要是美国之前接受了门罗谈判的条约，英国就早有可能在美国领土上挑衅。1807年6月，英国"猎豹号"护卫舰被美国"切萨皮克号"护卫舰拒绝进行搜查之后，向完全没有准备的"切萨皮克号"开火，杀害3人，打伤18人，并且拒绝接受该船的投降，还杀害了3名逃跑的船员。

这件事情在美国掀起了一阵怒潮，直到1812年英美战争血洗了往日的屈辱之后，才慢慢平息。"历史上第一次，"亨利·亚当斯先生说："美国人在1807年6月真正地体会到了民族荣誉感。""自莱克星顿战役之后，"杰斐逊说："我还从没有见过整个国家处在现在这样的怒火中。"

如果杰斐逊当时被主流情绪所羁绊的话，战事很可能在短期内全线爆发。而他并未如此，他马上派护卫舰去英国责令赔偿，并发表声明禁止英国军士进入美国水域，除非身处险境或者身负急件。杰斐逊预料到了战争，但是他想稍稍拖延一下。

他给女婿约翰·爱普斯写道："一个文明国家的理性和惯例需要我们给他们一个否认或者赔偿的机会。为了确保全力奋战，我们自身的利益也需要我们给我们的商人一个整合船只货物、召集海上零散人员安全撤离的缓冲时间。"

加勒廷，当时的财政部长，甚至批评了杰斐逊这次年度讲话措辞，认为太过于战争式而不是"国内外都认可的宣言风格"。所以我们不能完全断定杰斐逊先生对于战争有不可战胜的厌恶。

坎宁先生，英国外交部长，也表达了对于"切萨皮克号"事件的遗憾，派遣一支特使队伍到华盛顿来平息纷争。赔偿最后终于在1811年落实了。

同时，英国和法国又做出了新一轮的进攻性行为，大致可以概括如下：1806年5月，英国宣布从布雷斯特到易北河的法国港口统统禁止包括美国在内的所有国家的船只停靠。接下来的11月，拿破仑从柏林颁布法令进行回击，禁止一切和英国的贸易活动。这个命令马上终止了从一个港口到另一港口运送其敌对国货物的沿海贸易。1807年11月英国议会颁布一项著名的命令，禁止和法国以及法国同盟国的任何贸易，除非是向英国进贡（根据船上货物的价值决定每条船进贡的数额）。接着就是拿破仑的米兰法令，禁止和英国进行贸易，并宣布所有给英国进贡的船只都将合法成为法国海军的战利品。

这些就是攻击了美国国外贸易的一系列事件，而向欧洲力量俯首称臣更是伤害了美国的荣誉。外交手段已经黔驴技穷。切萨皮克号事件、强制征兵的权利问题，直接针对我们贸易的英国法令条款，这些进攻性行为没有人可以缓解。我们的反击已实属必须。但要以什么形式？杰斐逊拒绝了战争，而是提出一个封港令，禁止美国和欧洲的一切贸易往来。这个举措遭到了新英格兰联邦党人的强烈反对，但是总统的影响力如此之大以至于国会很顺利地通过这项议案了。

杰斐逊的意图，用他自己的话说是"让国家用仲裁而非暴力的方式交流"，他预计英国会因为承受不住而妥协。英国每年向美国的出口金额为 5000 万美元。废止贸易意味着数以千计的英国水手和数以万计的工人面临失业，而他们再没有其他的谋生手段。杰斐逊先生确信这个阶层的温饱问题足以向英国政府施加足够的压力，再加上和波拿巴家族的斗争，英国政府会被迫废除阻碍了美国贸易的法律。要是当时所有的美国公民都坚决执行封港令的话，整件事情的结局本来应该如此，杰斐逊至死都坚信事情会这样发展；而麦迪逊没有这样的热情，在之后很久也声称美国国务院掌握了英国政府将要屈服的证据。封港令伤害最大的地方是弗吉尼亚，因为它停止了那里主要产物——小麦和烟草的出口。顺便提一句，它还使杰斐逊本人和他的女婿伦道夫上校蒙受了巨大的经济损失。但是弗吉尼亚一声不吭地承受了，"他们饮尽了他们自己的总统坚决举在他们嘴边的毒药。"

但在新英格兰，事情就完全相反了。在那里，封港令的毁灭性打击不是间接而是直接的。新英格兰的农民至少可以依靠他们的农产品过活，但是沿海城镇中的船员、船长和商人看到的是他们赖以生存的行业全面崩溃。新英格兰违反封港令开始进行走私，并不惜运用暴力手段来抵抗。在那部分地区的一些联邦党人认为，或者假装认为，这条法令是反法国的措施，他们暗中与英国政府通信，并且企图使美国东部脱离政府管辖。他们堕落程度之深，至少是在私人谈话中，甚至不惜统一保持英国在美国境内的强制征兵的权利，而格拉登尼尔，联邦党领袖之一，也是国会成员，竟为英国的议会命令辩护。

我们现在这一代人也见证了类似的亲英的狂热潮流。当克利夫兰总统对门罗主义在委内瑞拉的事情上发表声明时，他的态度在纽约和波士顿引起的强烈批判甚至超过了英国人自己对此事的批判。

杰斐逊对贯彻封港令的努力和他面对新英格兰的怒火的冷静抵抗，表现出了他非凡的、不屈不挠的意志和坚定的决心。1808年8月他向身在缅因州的战务部长迪尔波恩将军写信："在波士顿的亲英分子公开威胁说如果停止进口面粉就开展暴动。下一步就是停止它。"

很快流血开始了，但杰斐逊并没有退缩。军队驻扎在加拿大边境以阻止走私，炮艇和舰队在海边巡逻。封港令失败了，但是亨利·亚当斯，当时最能干也是最公正的历史学家，宣称这是一次"政治上值得做的实验。在杰斐逊总统的计划中，断交是战争的替代品……封港令的失败在他眼里意味着不仅是战争,也是它带来的政治和社会的阴暗面的循环再现。在这样的情况下,他相信欧洲的犯罪和腐败——他最深的政治恐慌——迟早会充斥美国这片沃土。想要避免如此大规模的灾难是他政治才能的动力,尽管牺牲了小部分利益,但也是正当的。"帕特先生用事实和搞笑参半的口吻评说封港令被欧洲两个最高的政权所肯定,一个叫拿破仑·波拿巴,一个叫"爱丁堡评论"。

也许杰斐逊理论最根本的错误在于,他认为国家是由自身利益所驱使的。他认为只要英国对美国贸易的立法很明显对自身不利的时候,英国就会停止它。但是国家关系就像个人关系一样,比起物质利益更多的是受尊严、爱国情绪,甚至偏见的影响。赢得欧洲的尊重和平等待遇的唯一途径就是通过战斗,或者至少是表现出绝对的应战能力。而这就是美国在1812年所做的。

封港令是一个学术上的政策、一个哲学家的政策,而非一个实践家的政策。法国大使屈侯,在1806年5月向塔列朗写信说,总统"只有极少的精力和更少的胆量,而这些在如此重要的职位上是必不可少的,无论政体是怎样的。一点点事端就使他失去平衡,而他甚至不知道如何伪装他的感受……他搞得自己生病了,使自己衰老了10年"。

其实杰斐逊拥有精力和胆量,但他的精力和胆量只是间歇地表现出来。对于一个有行动力的人来说,他太过于敏感,充满了太多的想法，太有远见，把结果考虑得太过周全。在他任期的最后3个月里，他没有采取任何解决国家问题的举措，声称他不想做任何可能会让他的继任者难堪的事情。或许他并非因为逃避困难，而是由于认为自己被排除在外才不作为，杰斐逊先生并没有很强的自知之明。

但是他做到了力所能及的一切，如果说他的计划失败了，那这个失败也并不是一件不光彩的事。他依旧是全美国最受爱戴和最惹人讨厌的人，要是可以再参选总统的话，他还可以再连任。

他退休了（后来证实是永久性的），回到了蒙蒂塞洛庄园，拖着疲惫和受尽困扰的身躯。但他还是很高兴可以回归他的农场，回归家庭的温暖，回归邻里之中。阿尔伯马尔县的人民都渴望可以见一见这位回来的总统，并把他护送到家。但是杰斐逊避免了这次露脸，相应地收到了一份致辞并给予了回复，以这种方式恰当而又悲凉地结束了他的公众生涯。"……我在公众舞台上的表现就在他们（他的国民）眼前，在他们的宣判下我放弃了它，但是那些来自我的国家的，来自那些在生活中了解我的人的，关于我在诸多职责和关系中的证词，远比那些来自目击证人和附近的观察家的言辞更加充满感激之情。对于你们，我的邻居们，我要在世界面前询问'我夺走过谁的牛，我又欺骗过谁？我压迫过谁，我接受过谁的贿赂而对事实真相视而不见？'在你们的裁决下，我的良心将得到安宁。"

第十二章

公众人物的私人生活

杰斐逊第二届总统任期在1809年3月4日宣告结束。他余生都住在蒙蒂塞洛庄园，有时他也会到他更幽闭的、位于白杨林的居所，有时去拜访一下朋友，但从没有踏出弗吉尼亚州一步。就在他即将离开华盛顿的时候，他写道："从没有一个摆脱了枷锁的犯人可以体会到我此时卸掉了权力的手铐后的轻松。我的本心原本为我设计了一条追求科学的平静道路，使我因此身心愉悦，但我生命的绝大部分时间却迫使我抵抗我的本心，并全心全意地沉浸到波涛汹涌的政治热情之中。"

尽管离开了办公室，杰斐逊至死依旧是美国最重要的人物，而他的权威在领导层及普通共和党成员中，依旧处于最高地位。麦迪逊在先，门罗在后，在他们连任当政的16年期间，所有的重大事件都会征求他的意见。他们之间一直频繁地交换长篇信件，麦迪逊和门罗也经常到蒙蒂塞洛来看望杰斐逊。

所谓的门罗主义的概念是杰斐逊率先提出的。1820的8月4日杰斐逊在写给威廉·肖特的信里说："我们需要正式在海洋中界定一条子午线来分割半球的日子已经为时不远了。在半球这边将永远没有欧洲人的枪声，那边也永远不会有美国人的枪声。"之后他提到："针对美国及凶残血腥的欧洲竞争的边界和海域的禁令的根本政策。"1823 年 10 月，在门罗本人应用它的时候，杰斐逊向他写道："我们第一条也是最基本的准则应该是永远不要纠缠到欧洲的争斗当中，第二条是永远不要因为大西洋这边的事务而牺牲了欧洲的利益。"这封长信值得我们广为传读，它第一次阐释了这个后来极为著名的信条。

杰斐逊晚年最开怀的事情就是创办了位于夏洛茨维尔的弗吉尼亚大学。他自己捐赠了 1000 美元，许多他在阿尔伯马尔的邻居也纷纷拿出礼物来响应他。通过杰斐逊的影响，立法机构也配准了大笔的资金。杰斐逊赠予学校的远远不止钱财这些东西，他将自己的睿智、时间和精力一并奉献给了学校。他当选为校务委员；他起草了建筑蓝图并监督了施工过程；他每天都会去学校，骑马在 4 英里的路途上往返，带着父亲般的焦虑看着工地上的一砖一瓦垒起。他的设计雄心勃勃，大学校舍展现出了许多前卫的建筑风格，但一些建筑实用性欠缺，比如说所有教授的房子里都没有衣橱，这给他的成果造成了些许遗憾。而他的一些决定，如任命一名论派教徒为大学第一个教授，也得罪了部分当地虔诚的教徒。然而杰斐逊的热忱、创造性和全心全意使得他的计划圆满成功，而这所大学作为它的创始人的纪念碑，依旧久久矗立着。

值得圈点的是，在杰斐逊担任校务委员期间，弗吉尼亚大学进行了诸多改革，就连东部最进步的学校哈佛大学，也等了半个多世纪以后才得以实现。弗吉尼亚大学实行选课制度，废除了维护秩序的规章和惩罚，以及必须参与宗教活动的规定。

杰斐逊先生的日常生活简单而有系统性。只要光线足以让他看清床对面的钟表上的指针，他就会立刻起床。在9点早餐时间以前，他都会埋首案牍，奋笔疾书，整个早上都沉浸于无尽的通信交流之中。而这样做不仅对其脑力，也对其身体造成了伤害。由于之前的骨折，他的双手在每一次书写时都会强烈地疼痛。在一封给他的老朋友约翰·亚当斯的书信中，他写道："我只能窃取我的休息时间，依靠蜡烛来阅读，只要烛光够亮我就书写。从日出到一两点和从晚饭后到天黑的时间，我都在写字台上度过。这些都是为了答复一些完全与我个人兴趣和爱好无关的信件，而通常我根本不认识那些写信的人。但是在谦恭的笔触下，我却无法拒绝给出彬彬有礼的回复。"杰斐逊死后留下了16 000封信件，这只是他回复的邮件的一小部分，另外他还有26 000封别人写给他的信件。

在1点钟他会坐到马背上整装待发，出门一两个小时，即使在他年迈而步履蹒跚时，也从不要侍从伺候，他一直保持这个习惯。他上马的动作总是很强劲，直到后来虚弱到必须靠别人把他举到马鞍上。在杰斐逊先生的晚年，据说有一次，他的一个外孙在附近村庄中出了意外，他立即命人备马，不顾天色已暗，毅然上马，不理睬家人的反对，急冲下蒙蒂塞洛旁边的山坡。他的家人全都噤声屏息，直到山下的马蹄声再也听不到了。

在 3 点半到 4 点左右他开始用晚餐，6 点钟回到客厅喝咖啡。晚上通常是在读书和聊天中度过，9 点他便就寝了。一个尊贵的客人丹尼尔·韦伯斯特回忆说："他的饮食很简单，但这种限制似乎只是基于个人口味。他早餐喝茶、咖啡，吃新鲜出炉的面包，配着一点点冷肉，这道配菜似乎并不使他害怕。他晚饭享受肉类和大量蔬菜的混搭。"事实上他认为肉是蔬菜的调味剂。"他非常偏好大洲上的红酒，也同时拥有许多优质珍品……晚餐是半弗吉尼亚半法国风格的，美味而丰富。桌布移开后才会上红酒。谈笑中，杰斐逊先生平易近人、举止自然，显然没有一点雄心壮志的锋芒。他不会为了吸引全体人的注意大声说话，而是和他身边的人轻声低语。"直至死前几个月，他的身体都十分硬朗，而且从没有掉过一颗牙。

和他繁重的通信工作一样，蒙蒂塞洛成群的访客使得杰斐逊疲惫不堪。这些游客有着不同国籍，来自不同的州，有的满怀崇敬，有的满腹好奇，还有的只是渴望获得一个自由的空间。人群分布在房屋的每个角落，有的充斥在走廊，为了看杰斐逊从书房到饭厅的身影。有记载说："一个女人为了更好地看到他，用阳伞打破了一扇玻璃窗"。有时别墅里会有 50 位左右的客人寄宿。一位传记作者回忆道："作为（杰斐逊）弗吉尼亚生活的标本，我们需要谈到，一位从国外回来的朋友来到蒙蒂塞洛，携带了 6 位家属，并在这里住了10个月……夏天有涵养的年轻女性亲戚习惯性地在这里停留两三个月，就像现在会在一个华丽的水边停留那样。她们嫁给了杰斐逊先生的朋友的儿子们，然后带着家人们再来拜访。"

这种招待的巨大开支加重了杰斐逊先生离开华盛顿时高达两万美元的债务负担，并在经济上击垮了他。而多年来一直负责经营他房产的伦道夫上校，尽管很善于务农，却是个非常糟糕的商人。附近的人都说，没有人比伦道夫上校更善于种植但收益会比他更少。封港令和1812年战后的萧条时期使弗吉尼亚的种植园主变得十分贫穷。门罗死时破产，麦迪逊的遗孀连温饱都成问题。杰斐逊本人在1814年写道："我们能在市场卖些什么？小麦？我们只够喂马的，而我们自收成之后就一直在这样做。烟草？它的价值还比不上盛它的烟袋。有人提议威士忌，但是只有酒鬼才能消费这个。"杰斐逊同时还很担心奴隶们的工作量太大，以至于他投入的劳动力远远达不到所需要的量。压在他身上的最后一根稻草是，他签字支付了20 000美元帮助他的一位密友，正直而不幸的尼古拉斯州长。必须一提的是，尼古拉斯先生在弥留之际"用充满了无法言喻的情感说，杰斐逊先生从来没有提过一个字，使过一个脸色或者用任何其他的方式暗示过自己对他造成的损失"。

1812年杰斐逊先生把自己的图书馆卖给了国会，并得到了23 950美元，而这只有成本的一半。在他去世的当年，他请求弗吉尼亚立法机构立法批准他以彩票的形式卖掉自己的农场，因为以当时的情形再没有别的方式可以处理它。他甚至出版了《关于彩票的想法》来推进这个项目。立法机构不情愿地同意了他的请求。但是同时全国一下知道了他的困窘，大家纷纷捐赠，从而缓解了他的压力。彩票的事情搁置了，而杰斐逊去世时也欣慰地相信蒙蒂塞洛会作为他亲人们的家而被保留下来。

1826 年 3 月，杰斐逊先生的健康每况愈下，但是在 6 月 24 日他的身体还允许他写了一封很长的信，回复邀请他参加 7 月 4 日在华盛顿的 50 周年庆典。7 月 3 日他一直在鸦片的影响下昏睡，时不时清醒过来嘟囔几句。很明显，他的大限将至。他和他的家人都热切地希望他可以活到 7 月 4 日。在 7 月 3 日晚 11 点钟，他轻声问坐在身边的图里斯特先生，他的外孙女婿，"今天 4 号了吗？"不忍让他失望，图里斯先生没有回答，而杰斐逊先生虚弱地再问了一次，"今天 4 号了吗？"图里斯先生安静地点了点头。"啊！"杰斐逊轻呼，接着沉沉地睡去了。他再也没有醒过来。但是他的大限直到独立日的下午 12 点半才到来。在同一天，约翰·亚当斯在昆西逝世，而他的临终遗言是："托马斯·杰斐逊还活着呢！"

这个双重巧合深深地震撼着美国的心灵。"众所周知"，帕顿先生说："《独立宣言》的作者和它最强大的拥护者都在 7 月 4 日，也是自他们使这个日子脱颖而出的第 50 个年头，撒手人寰。这就好像是上帝在对他们的工作进行有形而绝对的制裁。"

杰斐逊的遗体被葬在了蒙蒂塞洛，他的墓碑上也如他所愿刻着这样的文字："这里埋葬着托马斯·杰斐逊，美国《独立宣言》的作者，《弗吉尼亚宗教信仰自由法令》的作者，弗吉尼亚大学之父。"

杰斐逊关于蒙蒂塞洛继续为他后人所有的期望并没有实现。他的执行官和外孙托马斯·杰斐逊·伦道夫竭尽全力，也只偿还了他极小部分的债务，但是玛莎·伦道夫和她的家人却身无分文，无家可归。当这件事公开后，南卡罗来纳州和路易斯安那州的立法机构分别投票，决定赠予伦道夫太太1万美元。她在1836年突然去世，享年63岁。蒙蒂塞洛庄园之后便流落到了他人手中。

杰斐逊有他的缺点和错误。作为一个政治家和统治者，他有时候会展现出优柔寡断的一面，缺乏力量和胆识，对人性误解。有些时候他的判断会被当时普遍的政治偏见所误导。他关于"XYZ事件"的态度、他的封港令政策，以及他在封港令失败后制定的或缺失的政策等（在这些情况里，也许也只限这些情况），让他的缺点暴露了出来。可以确定有些时候他过于直率坦诚，以至于到了铸成错误的程度，但是他有些时候又过于讲究礼仪，表现得极不真诚。比如说，他内心根本不把艾伦·伯尔当做朋友，却对他像老朋友一样嘘寒问暖；还有一次他向一位部长写信谈起他在启示录中信奉的一条教义，而事实他根本就不相信。似乎杰斐逊还过于强烈地渴望赢得国民的认可，有时候尽管可能是潜意识的，这种念头指引他做出了一些自私而非爱国的事情。在封港令失败以后，他和英国部长协商时更是如此。还有人控诉他，说他在许多棘手的事情上采取了逃避政策，而且在面对一些共和党人关于华盛顿和约翰·亚当斯的诽谤时没有任何表态，也没有做出任何调查。但是说到这里，也就说完了他全部的缺点。作为一个公民、一位丈夫、一名父亲、一个朋友和一位主人，杰斐逊拥有近乎完美的人格。没有人比他更善良，更友好，更温柔，更公正或者更大方。对于他的孩子，伦道夫太太宣称说，她从来没有在父亲身上看到一点点的不公正，从来没有听到他说任何一句话或者做任何一件事会使她当时或者日后惋惜。他非常宽宏大量，就像他原谅了约翰·亚当斯半夜约会的欠妥。尽管他很容易被激怒，但他却从不心存恶意。在公务和政治上，他严谨而可敬。前面已经提及他多次支付了对英国的债务。有一次他拿出了自己的支票来支付进口的偷税红酒所欠的税款，但却没有声张炫耀，直到他死后很久这事才被公布。在他竞选总统时，他从未写过一封信或者做出一个手势来影响选举结果。他在1801年竞选时没有说过一句承诺的话语，当时哪怕短短一句话便会给他带来总统的位置，就连约翰·亚当斯这样正直的人都认为他应该打破沉默。他的性格中没有虚荣，没有狭隘。是他而非迪金森向英国国王宣告，在1775年举办大陆会议，但在杰斐逊死前，世人却一直以为这是迪金森的宣告。

总而言之，他是一个爱国而又有良知的人。他的失误都是在一些次要的事情上，被自己的小糊涂一时蒙住了眼睛。但是在所有重要的事情上，在危难时刻，他为了自己认为正确的事情挺身而出，坚如磐石，不为朋友的规劝恳求而心软，也不因敌人的冷嘲热讽、威胁恫吓而屈服。在谩骂与暴乱面前，他怀着一种近乎女性的厌恶心理退缩，但若情势所逼，他也会以完美的勇气和决心去应对。他担任国务卿时的做法和封港令的实施都是典型例子。

杰斐逊的政治生涯是建立在一个伟大的原则之上的，无论现实多么残酷，未来多么黑暗，他也一刻没有迷失，没有怀疑。他相信人民，相信他们的自治能力和权力。这个信仰指引了他的前进方向，虽然也有过小的不和谐，但也始终如一地贯穿了他的一生。也正是这个信仰以及他践行时所表现出的勇气和信心，树立了他在国民心中的英雄形象，并在浩瀚的世界历史长流中占据了独一无二的位置。